：

历劫重光的
旷世宏编

永乐大典

陈红彦 著

文物出版社

图书在版编目（CIP）数据

历劫重光的旷世宏编——《永乐大典》/ 陈红彦著.

北京：文物出版社，2025.3（2025.4重印）. -- ISBN 978-7-5010
-8739-6

Ⅰ. Z224

中国国家版本馆CIP数据核字第2025MG3198号

历劫重光的旷世宏编——《永乐大典》　　陈红彦　著

策　　划：张自成　邓占平

执行策划：杨丽丽

责任编辑：李子裔

特约编辑：张　丽

责任印制：王　芳

装帧设计：贾津津

出版发行：文物出版社

社　　址：北京市东城区东直门内北小街2号楼

邮　　编：100007

网　　址：http://www.wenwu.com

邮　　箱：wenwu1957@126.com

经　　销：新华书店

印　　刷：艺堂印刷（天津）有限公司

开　　本：880mm×1230mm　1/32

印　　张：8

版　　次：2025年3月第1版

印　　次：2025年4月第2次印刷

书　　号：ISBN 978-7-5010-8739-6

定　　价：88.00元

出版说明

　　华夏文明浩浩荡荡五千年，产生了灿若群星的典籍，这是先人留给今人的珍贵遗产，蕴含了丰富且深厚的文化和精神价值，不仅是我国，也是整个人类社会的无价瑰宝。中华文明绵延数千年，即使罹遭天灾、战乱、饥荒等磨难，依旧生生不息、传承有序，其中典籍的贡献功不可没。

　　作为中华优秀传统文化的承载体之一，古代典籍呈现出多层次的极致之美，这种美首先体现在内容的包罗万象上。经、史、子、集折射出古人在典籍分类上的高屋建瓴，"经"之思想奠基，"史"之志存记录，"子"之百家闪耀，"集"之汇编大成，将古代思想、历史、文化、艺术等方面的成就囊括其间，应有尽有，无一遗漏，一起构成我国传统文化之主干、血肉。循此四部，我们洞悉传统文化的精髓，知晓中华民族起源和发展的脉络，了解华夏文明所取得的辉煌成就以及对人类社会做出的重大贡献。

除了内容上的纷繁广博，古代典籍的美还体现在外观的匠心设计上。从最初的简策，到后来的卷轴装、经折装、梵夹装，再到蝴蝶装、包背装、线装和册页装，我国古籍装帧在长期的演进中形成了古朴、典雅、简洁、实用的特点。每一种设计既反映了一个时期的历史面貌，与当时生产技术、书籍制作材料的发展变化密切相关，也遵循着一定的审美情趣与标准，与中国美学精神一脉相承。翻开古旧泛黄的书页，天头、地脚的留白，长短、间隔的排列，黑与白的对比，观感上的虚实相生，虽只简单一页，却包含着独具匠心的设计和深厚的艺术价值，并对现代书籍产生了潜移默化的深层影响。

古籍之美还表现在版本的各具特色上。现今留存的古籍，以雕版印刷为主要形式，"版本"一词也专指雕版印刷之书。其实，在雕版印刷出现以前和以后，古籍还曾以其他形式，如手写、石刻等制作和流传，如此一来，也就出现了各种不同的形制，经卷、刻本、稿本、抄本、碑帖、档案、手稿、舆图、套印本、活字本……各式各样，丰富多彩，展现了古代典籍在版本上的蔚然大观。每一部都有其独特的美感和风格，或纸精墨妙，或写刻精善，或图文并茂，或多色并用，蕴含着极多的信息，更展现了前人在书写、继承传统文化上的殚精竭虑、铭心苦思。

古籍的流传赓续也尽显别样之美，钤在书页上的小小藏书印，诉说着一书的渊源递嬗、藏家的爱书护书，而书法、篆刻现于方寸之间，亦是引人赏鉴的绝佳范式。

总之，中国古籍之美言说不尽，不仅汇聚在内容和思想上，也彰显在形式和外观上。凝聚着大德先贤心血的一部部典籍，堪称一件件至臻的艺术品。

"古籍之美"作为系列性丛书，遴选古代典籍中史料价值、文献价值、文物价值、出版价值、艺术鉴赏价值并重的作品，赋予其新的生命，焕发其活力。

丛书对所选典籍主要分三个部分进行讲述与展现，首为"主编说"，特邀学术造诣深厚、成就突出的专家学者或社会知名人士担任，通过轻松的对话与讲谈，瞬间拉近读者与古籍的距离；次为"史话"，即"为书著史"，该部分不追求典籍学术价值的考证与挖掘，而是以通俗生动的文字，搭配丰富的图片，钩沉出该书在写作、刊印、形态、流变、收藏等方面的故事，让静默的古书"说话"；最后通过高清影印的方式，让读者一观古籍原貌，领略其在装帧、刻印、字体、钤印、题跋等方面含蕴的精致之美。因本书由陈红彦主编，且"史话"部分亦由其撰稿，故本书无"主编说"。

我们真切地希望，通过增加以上各种辅助手段，不仅把古代典籍、文化、艺术和内容有机地联系在一起，也把古代和现代、古人和今人连在一起。读者通过阅读本系列图书，不仅可以领略古书的内涵和意境，也对典籍反映的中华文化发展脉络有个整体的认识，更对保护和传承传统文化有一定的帮助。

"古籍之美"项目自启动以来，得到了社会各界的高度关注和有关单位的大力支持。一批具有较高学术造诣的专家学者直接参与稿件的策划和撰写工作，并对项目的实施积极建言献策，给予指导。借此机会，深表感谢。因时间仓促，书中难免有疏漏或欠周全之处，还请各位读者批评指正，也欢迎大家提出宝贵的意见，以便我们后期完善。

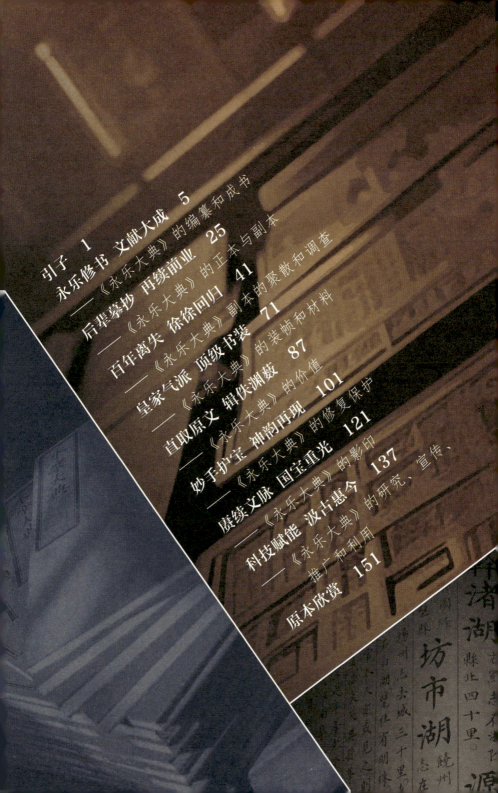

　　提起《永乐大典》，不仅是研究者特别关注，就连普通民众，甚至中学生都倾注了热情。时间回到2020年的夏天，7月7日，法国巴黎德鲁奥拍卖公司正在激烈竞拍着一件中国文物，起拍价1万欧元，短短几秒钟，这件文物的叫价就突破50万欧元，一分半钟之后，竞拍价甚至突破拍卖公司显示屏的极限，无法显示了。11分钟后，这件文物以640万欧元的天价被一位中国女士拍下，这就是两册嘉靖副本《永乐大典》。当时出国不便，接到拍卖的消息时，国内的公藏机构已经来不及运作，文物系统的领导们不断联系，希望把握住这次机会拿回拍品。听说最初是故宫博物院的翁连溪先生在境外得知了消息，他目验过拍品，并推荐给浙江下沙奥特莱斯的老总金亮先生，实力雄厚又有爱书情怀的金总于是准备出手。金总委托在法国的朋友去竞拍，那位在现场举牌的女士就是受托人。拍卖这天，我曾发信息预祝金总竞拍成功，金总在拍得之后特别回复我"拍到了"，时间是北京时间23：03，这条信息我现在还保存在手机里。之后，我的微信不断被刷屏，大家为此都激动不已。对中国的古籍人而言，这注定是难眠的夜晚。竞拍的成功意味着两册《永乐大典》回家了。虽然两册《永乐大典》拍得，但当时出入境不畅，如何尽快取回拍品，金总为此着实伤透了脑筋。国家文物局等相关部门的领导非常关心《永乐大典》入关的事情，愿意提供帮助，浙江、上海的上级单位也给予了持续的关注和具体的支持。终于，2022 年 1 月 19 日，两册《永乐大典》从法国启运回国。非常荣幸的是，受金总的委托，我和翁连溪先生远程监护了装箱启运的过程，这也是令我永远难忘的事情。通过手机连线，看着一年半前拍到的国宝从异国他乡装入运输箱，踏上回家的路，激动的心情难以言表。

过去的收藏家多追逐宋版书，有"一页宋版，一两黄金"之说，现在《永乐大典》的成交价一页要五六十万人民币，比一两黄金多得多。

《永乐大典》完整的时候一万一千零九十五册，现在仅仅存世四百余册，为什么一部百存三四的残书，还受到如此关注？

我们先从《永乐大典》的编纂经过说起。

永乐修书 文献大成

——《永乐大典》的编纂和成书

　　《永乐大典》，顾名思义，与明成祖永乐皇帝关系密不可分。该书成书于永乐年间，但实际上，它的蓝图早在明太祖朱元璋（图1）统治时期就已经勾画出来了。朱元璋是位"马上天子"，但他对文化教育非常重视，不仅亲自指导编撰了《公子书》《历代驸马录》《永鉴录》等小册子，还在定都金陵次年（1369）即诏儒臣梁寅等纂修了长达五十三卷、集礼书之大成的著述《大明集礼》（图2）。由此可见，明王朝立国伊始，就极为重视图书的修撰整理工作。在这种情况下，中书庶吉士解缙在洪武二十一年（1388）上书朱元璋："陛下若喜其便于检阅，则愿集一二志士儒英，臣请得执笔随其后，上溯唐、虞、夏、商、周、孔，下及关、闽、濂、洛[1]，根实精明，随事类别，勒成一经，上接经史，岂非太平制作之一端欤？"[2]这个建议既方便检阅，也满足建立政权以后"文治"政策的需要，因而很受朱元璋的赞赏。但终因当

图1
明太祖朱元璋

1 关、闽、濂、洛：宋代理学的四个学派。"关"指关中张载，"闽"指福建朱熹，"濂"指濂溪周敦颐，"洛"指洛阳程颢、程颐。
2《明史》卷一四七《解缙传》。

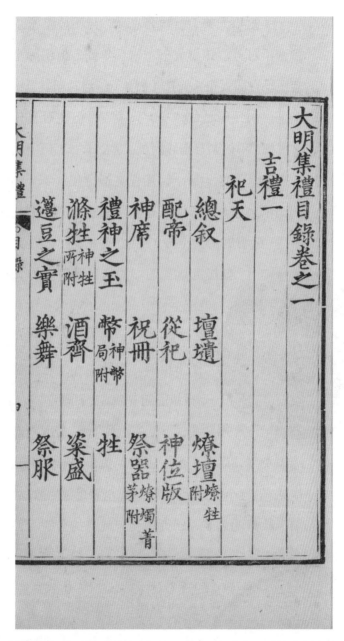

图2 《大明集礼》于洪武初年修成后并未刊印，嘉靖八年（1529）时始刊，九年（1530）梓成

时立国未久，许多条件尚未成熟而被搁置。

1398年，朱元璋崩，传位皇太孙朱允炆，即建文帝，次年他的叔父燕王朱棣（即后来的明成祖，图3）发动了"靖难之变"。1402年，燕军攻占南京。第二年，朱棣称帝，迁都北京，改元永乐。

"靖难之变"和《永乐大典》的编修关系密切。朱棣以武力从侄儿手中夺得帝位，在主张父位子袭的程朱理学盛行的时代，一些朝臣和知识分子认为此举是倒行逆施，犯上作乱。朱棣对这些不归附者采取了恩威并用的两手策略，一方面对拒不从命者大开杀戒，据《明史纪事本末·壬午殉难》条载，当时被族诛的臣吏七十余人，从夷三族到夷十族，即如一代儒宗的方孝孺也不能幸免。激烈的反抗，招致更残酷的镇压。最终朱棣认识到，仅仅靠杀，并不能从根本上解决问题，所以他改变策略，以提倡文教、振兴学术加以安抚。编撰群书就是这一政策的实施手段。这种做法可以把大批知识分子置于中央政府的直接控制之下，让其埋头于断简遗编中，缄口不敢言，无暇多问政事。同时，又可以转移舆论，让人们不再过多地去关注"靖难"。

图3
明成祖朱棣

因此，明成祖即位不久，即敕修《永乐大典》，其后，又命胡广等儒臣撰《五经大全》《性理大全》《四书大全》等鸿篇巨制。用编书来笼络、控制知识分子，并非朱棣的发明，但他运用起来却得心应手。

永乐初年，编纂一部大书的条件已经具备。第一，据《明史·艺文志》记载，明军攻占元都后，将元朝政府典藏全部运往南京。元朝先后得宋、辽、金三代藏书，数量极多。明太祖、明成祖两朝，还曾多次诏求民间藏书。因此，明立国不久就有了丰富的皇家藏书，而后来《永乐大典》的纂辑就是在当时的皇家图书馆——文渊阁中进行的，文渊阁藏书成为《永乐大典》辑录的底本。第二，朱元璋和朱棣都极为重视文化教育，在全国设立了各级学校，国子监生数以千计，这为《永乐大典》的编修储备了充足的人才队伍。第三，朱棣即位后，兴修水利，广开漕运，奖励农桑，社会经济日渐繁荣，为编制《永乐大典》提供了雄厚的经济基础。于是，永乐元年（1403）七月，朱棣谕翰林侍读学士解缙等人："天下古今事物，散载诸事，篇帙浩穰，不易检阅，朕欲悉采各书所载事物，类聚之而统之以韵，庶几考察之便，如探囊取物……尔等其如朕意，凡书契以来，经史子集百家之书……备辑为一书，毋厌浩繁。"[3]意思是说，古今天下的事散在不同的书里面，检阅起来很不方便，自己想把所有书里记载的事情按类汇集在一起，用韵把这些材料统起来，查找起来就如探囊取物。不久，朱棣就正式下达了修书的敕命，让大臣们把有书以来的同类内容整合在一部书里，方便阅读，要求非常清楚：一是全，采摘有书契以来的百家之书；二是大，备辑为一书，不厌浩繁。

解缙领命后，汇集了一百四十多位学者作为编辑队伍，仿元人阴时夫《韵府群玉》和宋人钱讽《回溪先生史韵》的体例，用了十七个月就把书编成了。明成祖赐名《文献大成》，但看了书的内容以后，认为还有很多东西没有编进去，没有他想象得那么全，于是下令重修。重新编修的时候，"乃复命太子少师姚广孝、刑部侍郎刘季篪及解缙督其事"，学士王景等二十八人为总裁，"简中外官及四方宿儒有文学者充纂修，缮写几三千人"[4]。编修抄录的人数达三千多人，队伍很庞大。《永乐大典》的修纂汇集了各方英杰。"天下文艺之英，济济乎咸集

3《明太宗实录》卷二十一，永乐元年七月丙子。
4《皇明泳化类编》卷一〇六《典籍门》。

于京师"，上至在朝官吏，下至民间布衣，各司其职，尽显其长，正所谓"词林排次俾分任，纶阁铅黄更总研"。

《永乐大典》修纂机构的最高负责人为监修，其下分工严密且细致。虽然参与人员众多，但整个组织庞大而不冗杂，最大程度上保证了各项工作的顺利开展。人员分工很细，由监修总负责，下面有副监修、都总裁、总裁、副总裁、纂修、编写人、缮录、绘图、圈点生等分别担任组织、协调、搜集加工、编辑、校订、绘图、圈点等工作，各尽其责。为尽快完成，还专门派五人负责催纂。除了分工细，《永乐大典》在具体的实施中还尽可能用人所长，让专业的人做专业的事。如王彦文擅长《诗经》，著有《诗经旁通》，便让他担任《诗经》副总裁；蒋用文、赵同友是太医院的御医，便由他们担任医经副总裁。

明成祖为编纂人员提供了充足的保障。编辑人员可以"尽读禁中之书"；为节约时间，将这些人的居住地点设置在离文渊阁很近的崇里坊；伙食由光禄寺提供，很丰盛；为了夜里也可以工作，还发放膏火费；除此之外，这些人还不用上朝，待遇可谓优渥。

在编修《永乐大典》的过程中，起到重要作用的有以下几个代表人物：

"才子解缙"解缙（1369—1415，图4），字大绅，又字缙绅，江西吉水人。自幼颖敏，民间至今还流传着解缙妙对的故事。解缙通经史，工诗文，善书法，洪武二十一年进士，与徐渭、杨慎并称明朝三大才子，更是明朝第一位内阁首辅。永乐初年，曾奉命出任《太祖实录》和《列女传》总裁，又任翰林学士兼右春坊大学士。主持纂修《永乐大典》时提出了"刊定凡例，删述去取，并包古今，搜罗隐括，纤悉靡遗"的指导思想。《明史》有传。

图4 解缙

有"两脚书橱"美誉的陈济（1364—1420），字伯载，武进（今江苏常州）人。博学强记，读书过目成诵，经史百家无不贯通，尤爱藏书，时称"两脚书橱"，用现在的话描述就是行走的书房。永乐初年，他以平民身份被征召参与纂修《永乐大典》，为五总裁之一，甚至被命为都总裁、监修官，可见其贡献之大。他翻阅秘府图书数百万卷，与姚广孝、解缙等人"发凡起例，区分钩考，秩然有法"。"执笔者有所疑，辄就济质问，应口辨析无滞"，对修纂人员工作中产生的疑难问题，

資善大夫太子少師臣姚廣孝等誠惶誠恐稽首頓首上言

伏以皇明之治大一統車書昭聲教之隆聖人之道貫百王

制作備典章之盛丕顯太平之鴻業永爲經世之宏規臣聞

泰運肇開人文乃著卦爻始立書契遂興故羲禹開天河洛

闡圖書之瑞成康致治豐鎬宣雅頌之音道咸具于望經事

實關于氣運恭惟皇帝陛下聰明睿智仁聖武文受天命而

主百神坐明堂而朝萬國九疇時敘庶績咸熙治定功成禮

明樂備爰懋昭于聖學遂大播于綸音以爲堯舜之道載諸

典謨文武之政布在方策前聖遠而微言隱諸子出而衆議

他应答如流。《永乐大典》书成之后，他官至右春坊右赞善。因谨慎无过，"皇太子甚礼重之。凡稽古纂集之事，悉以属济。随事敷奏，多所裨益。五皇孙皆从受经"。他"所居蓬户苇壁，裁蔽风雨，终日危坐，手不释卷。为文根据经史，不事葩藻"，曾说："文贵如布帛菽粟，有益于世尔。"著有《元史举要》《思斋集》等。《明史》有传。

不得不说的还有"黑衣宰相"姚广孝。姚广孝（1335—1418），14岁出家为僧，法名道衍，字斯道，自号逃虚子，长洲（今江苏苏州）人。为朱棣心腹谋士，曾参与夺位密谋。朱棣即位后，复其姓，并赐名"广孝"，授太子少师。他拒不还俗，居于庙中，上朝时着朝服，退朝后仍换回僧衣，辅佐朝政，不贪功禄，人称"黑衣宰相"。曾奉命重修《太祖实录》，永乐三年（1405）任《永乐大典》监修，永乐五年（1407）《进永乐大典表》（图5），次年冬全书编纂竣事。

永乐五年十一月，这部鸿篇巨制重修完成，明成祖看了非常满意，定名为《永乐大典》，并亲自撰写序言："朕嗣承洪基，勔思缵述，尚惟有大混一之时，必有一统之制作……乃命文学之臣，纂集四库之书，

图5 《进永乐大典表》

及购募天下遗籍，上自古初，迄于当世，旁搜博采，汇聚群分，著为奥典……用韵以统字，用字以系事。……包括宇宙之广大，统会古今之异同，巨细精粗粲然明备，其余杂家之言，亦皆得以附见。盖网罗无遗，……名之曰：《永乐大典》。"[5]

《永乐大典》定稿后，曾专门召集缮写人员和画师进行抄写，这些人中有不少是擅长真草隶篆的书法家和长于绘画的艺术家，文中的圈点都有专人完成。

永乐六年（1408），《永乐大典》全书已抄写完。据姚广孝《进永乐大典表》说，全书完成的时候是两万两千八百七十七卷，凡例和目录一共六十卷，加起来装成了一万一千零九十五册，开本大，体量也大，比《古今图书集成》还多一千三百多卷。这部书之所以后来没有刊刻，原因之一应该是体量太大，得要多少块板子才能把这本书刊刻完成？所以它一直是以单独的一部书在皇宫里放着传承的。

如此大部头的书是用什么方式编排的呢？

《永乐大典》按类编排，属于类书。类书是我国

5《永乐大典序》，见钱大昕《十驾斋养新录》卷十三。

古代一种大型的资料性书籍，汇聚辑录各种书中的材料，按门类、字韵等编排以备查检，有工具书的性质。据统计，我国古代编纂的类书达五百余种。现在已知我国最早的类书是三国时期的《皇览》。三国以后，历代都有类书编纂，著名的有《北堂书钞》《初学记》《艺文类聚》《太平御览》《册府元龟》以及部头最大的《古今图书集成》等。其中，《太平御览》分五十五部，下设五千四百二十六类；《册府元龟》分三十一部，一千一百零四门。

　　类目的复杂很容易造成同一资料的重出，检索者如果不熟悉分类，查找起来也很难。《永乐大典》的编修方式是按韵编排，即用韵以统字，以字以系事，以《洪武正韵》为纲，按韵分列单字，每个单字下面有音韵训释、释义等。同时，每个字下面有它的各种写法，比如篆、楷、隶、草等各种书体都写一个样子，再分类汇集同这个字有关的资料（图6），涉及天文、地理、名物等。单字注释、引文的书名，还有作者，用红字写就，非常醒目。字下面所抄录的书，有一个说法是一字不改，原样抄录，整篇编入。这种照原样录下来的方式，让古籍原书的内容得以保存。所以，

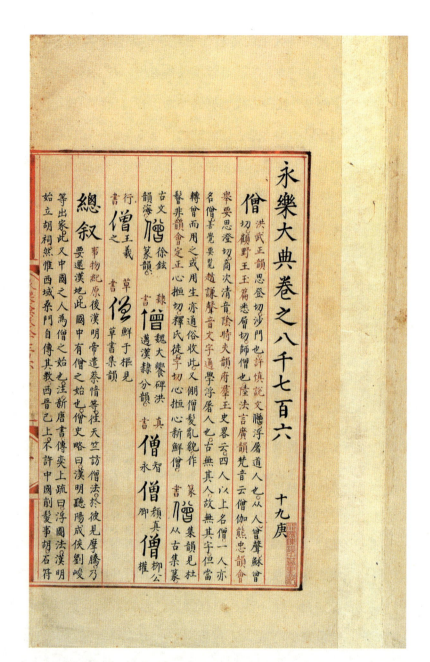

图6 《永乐大典》的版式

有些古书到后来佚失，但《永乐大典》以这样的方式把它的内容保存了下来。

《洪武正韵》是洪武年间编成的官方韵书，当时朱元璋认为，唐宋的音韵在长江以北多有失正，为正音韵的缺失和流变，就按中原雅音编成了一部《洪武正韵》。洪武八年（1375）由乐韶凤、宋濂等十一人奉诏编成，共十六卷。该书沿袭传统韵书体例编制，初计有七十六韵部，洪武十二年（1379）重修，经校补，增加微、济、未、术，成八十韵部。《洪武正韵》以当时的共同语为基础，对明初文字读音作出了规范，以存雅求正为编纂目的，记录了自隋唐至明初读音的变化，是明初的重要韵书。《洪武正韵》编成以后，明代政府用行政命令的办法加以推行，规定科举考试、奏本等必须按照此书去做。所以，《洪武正韵》在明代有很大的影响。《洪武正韵》分韵部，每个韵下边有不同的字，哪个字属于这个韵，都写得清清楚楚。我们现在的《新华字典》或者其他的字典是按声部编排，和过去不同，因为诗赋都讲究押韵，所以过去的工具书都是按韵编排。《永乐大典》就是按《洪武正韵》编排的。

《洪武正韵》七十六韵表

序号	1	2	3	4	5	6	7	8	9	10	11	12	13	14	15	16	17	18	19	20	21	22
平声	东	支	齐	鱼	模	皆	灰	真	寒	删	先	萧	爻	歌	麻	遮	阳	庚	尤	侵	覃	盐
上声	董	纸	荠	语	姥	解	贿	轸	旱	产	铣	篠	巧	哿	马	者	养	梗	有	寝	感	琰
去声	送	置	霁	御	暮	泰	队	震	翰	谏	霰	啸	效	个	祃	蔗	漾	敬	宥	沁	勘	艳
入声	屋	质	曷	辖	屑	药	陌	缉	合	叶												

八十韵增加了微、济、未、术。

举个例子（图7）。这张书影卷端第一行下方的"四霁"是韵目的顺序和名称，霁是它的韵部，韵下面收同属这个韵部的单字，第二行是"寄"字，它下面有首诗叫"寄阎防"，另外还有"寄裕之""寄陈子高"等，也就是说它把跟"寄"有关的所有诗文全部录下来了，《永乐大典》就是这样一种编排方式。再比如，"六暮"是"暮"字韵，下面有"铺"字，原来都有什么"铺"呢？有"相思铺"（收录了唐诗里面提到相思铺的诗），有"车子铺"，有"通远铺"，有"急递铺"。"急递铺"差不多相当于现在的快递公司。

《永乐大典》要把古今的书都按韵编排，都收入

图7 "四霁"书影

劉眘虛詩　寄閻防時在終南山豐德寺讀書

青瞑南山邑　君與緇錫鄰　深
路入古寺　亂花隨暮春　紛紛對寂寞　往往落衣巾
人晚心復南望　山遠情獨親　應以修往業　亦唯立此身　深林度空夜　煙月
資清真莫歎　文明日彌年從隱淪　辛愿詩寄裕之　青雲一別阮家郎甚
欲題詩遠寄將好句　眼前常蹉過佳人心上不曾忘　誰家秋月茅亭底何
處春風錦瑟旁昌谷煙霞久寂寞歡遊還肯到三鄉　次王無競見寄容
中重倚仲宣樓白草黃雲塞上秋山邑不隨塵世改水聲還抱故城流隘
中畏景那堪鏡裏衰顏祇自羞詩人苦相憶遠傳佳句弔清愁　毛
達可詩寄陳子高　秋來目送鴈南飛不似春風鴈却歸慚愧宜興老居
士一生只在釣魚磯　何應龍詩寄胡雪江　借得官亭小似船六橋風月
友三賢芙蓉未發荷花老一點詩情若箇邊　李濤詩寄范稅院倚衡　清

了什么书，这些书又是从哪儿来的呢？

明太祖朱元璋定都南京后，于奉天门东始建文渊阁，贮存古今天下图籍。《永乐大典》收录内容的主要来源就是皇家图书馆文渊阁的藏书。除此之外，明成祖还派人到各地采购图书，征集民间或者其他机构的藏书，他说，"买书可以不计较价格，不管多大价钱，统统买下，这样就可以买到奇书了"，最终，集中了经、史、子、集、释藏、道经、戏剧、平话、工技、农艺等各类图书，共七八千种书提供给编辑者们从中采择材料，数量远远超出了以往。

这七八千种书意味着什么呢？与历史上其他类书相比，唐《艺文类聚》收书一千四百三十一种，宋《太平御览》收一千六百九十种，《永乐大典》超出它们四五倍多。中国是一个典籍大国，明成祖以前的大多数书都收在《永乐大典》里面了。而且，《永乐大典》突破了以往类书侧重儒家经典、正史政书的传统，除了收集唐尧以来直至明初的经史子集百家之说外，对天文地志、阴阳医卜、释藏道经、戏剧平话、工技农艺等各类也进行了收录。所以说，《永乐大典》编纂用的书"上自古初，迄于当世……包括宇宙之广大，统会古今之异同"，从知识门类讲，可谓包罗万象，网罗无遗。《四库全书》在"总目"里评价《永乐大典》是元以前的佚文秘典，在修《四库全书》的时候，有些书应该已经散佚，人们看到《永乐大典》中收录的这些文献，都为此感叹不已。

文渊阁不仅是皇家藏书、编书中心，也是培养阁臣、商讨国事的基地。《永乐大典》在这里成书后即庋藏于此。明成祖迁都北京后，在北京再建文渊阁，原藏南京的大量典籍转运于此。故宫文渊阁建成于清乾隆四十一年（1776），专贮《四库全书》。文渊阁地处紫禁城东华门内文华殿后，全阁仿照浙江宁波范氏天一阁规制，上下两层，面阔六间。建筑采用黑色琉璃瓦屋顶，绿色琉璃瓦剪边，寓意以水压火，保证藏书安全。当然，这都是后话了。

后辈摹抄 再续前业

——《永乐大典》的正本与副本

　　《永乐大典》在当时的都城南京编成，编成后虽
有人提议刊刻，但因体量太大，工费浩繁，没能实现，
只抄写了一部藏在南京文渊阁。永乐十九年（1421），
明王朝迁都北京，朱棣令撰修陈循挑选文渊阁藏书
一百柜及《永乐大典》运到北京，贮存于宫城内的文楼。
文楼在故宫的三大殿附近，现在叫体仁殿，书藏文楼
当时也是为了方便皇上使用。

　　正统十四年（1449），南京文渊阁失火，《永乐
大典》所据原本和所藏图书均付之一炬,藏在文楼的《永
乐大典》便成了孤本文献。

　　其实，费尽辛苦完成的《永乐大典》， 成书后很
长时间是无人问津，被束之高阁的。这么重要的书为
什么没人用呢？因为一万多册的书并不是将一部一部
的书完整抄录下来，而是按韵编排，对相关的内容进
行摘录，更多的是满足最初设计的查阅使用，可读性
并不强。比如，要查阅一个类型的记载，需要按韵把
关键字找出来，在这个字下面会有不同书的记载，查
需要的内容比较实用，但是要一册一册读下来就很难，
几乎是不可能的事情。况且明成祖当时关注的、需要
做的事情比看《永乐大典》更需要花费心力，文献记载：

"（明成祖）多修马上之业，未暇寻讨，即列圣亦不闻有简阅展视者。"[6] 据记载，有明一代，二百七十七年，历十六位皇帝，永乐以后，除明孝宗弘治为使自己长命百岁，曾将书中所辑《金匮秘方》书录给太医院外，到嘉靖皇帝之前，《永乐大典》基本上是处于束之高阁的状态。

对此，《明武宗实录》卷一九〇正德十五年（1520）闰八月癸卯中有一段对话可证——"癸卯，上（武宗）自瓜洲济江，登金山，遂至镇江，幸致仕大学士杨一清第，明日复幸焉，入于书室，命一清检诸书进。御问：《文献通考》是好书？一清对曰：有事实，有议论，诚如圣谕。问：几册？对曰：六十册。问：世间书更有多于此者否？对曰：《册府元龟》更多，凡二百二册。"说明这部一万一千零九十五册的《永乐大典》，当时只是静静地安放在库房，大学士都不知其存在，世间更是无人可知了。这就是这部大类书尴尬的"命运"！

图 8
嘉靖皇帝

6 ［明］沈德符：《万历野获编补遗》卷一。

1521 年，嘉靖皇帝（图 8）继位，他对《永乐大典》极为喜欢，"按韵索览，几案间每有一二帙在焉"[7]，经常在案头放上几册，方便随时翻阅。嘉靖三十六年（1557），北京宫里曾经失火，三大殿都被焚毁，嘉靖皇帝担心殃及存放《永乐大典》的文楼，紧急下令，"甲夜中谕凡三四传，是书遂得不毁"[8]。最后把《永乐大典》全部抢运出来，让其幸免于难。

为了预防不测，嘉靖帝决定再抄录一部。嘉靖四十一年（1562），他命阁臣徐阶、礼部侍郎高拱等督饬儒士一百零八人摹抄一部《永乐大典》，这就是我们今天说的副本，所依据的那一部原始的本子相对副本而言便成为正本。重录以礼部侍郎高拱、左春坊左谕德兼侍读瞿景淳为总校官，重要参与者有翰林院官员张居正、申时行、王希烈、张四维等。重录工作对书写水平有较高要求，吏部和礼部为此主持"糊名考试"，最终招收一百零九位善书人负责抄写誊录，所用的字体称"台阁体"。为保证重录工作的顺利进行，朝廷照例设置必要的服务设施和人员，如内府御用监调拨画匠、纸匠，顺

7《明世宗实录》卷五一二。
8《明世宗实录》卷五一二。

天府专门提供上等的砚台、笔墨，惜薪司及工部供应取暖的木炭，光禄寺负责餐饮，翰林院支付书写人员"月米"，锦衣卫拨送巡禁，保障安全。

　　根据徐阶的《世经堂集》卷六《处理重录大典奏》（图9）三则记载，当时对重录副本时的组织机构、人员配备、计划实施等都制定了详细严格的规章制度，规定缮写人员晨入暮出，每次领取《永乐大典》正本必须登记，不许私自携带外出雇他人代写。负责抄写的一百零九人，日复一日抄写，规定每人日抄三页，也就是古籍的A、B面两面，所抄写的三页完全按照正本的册式、行款摹写，如有差错，必须重写，发现有混报怠工者，还要"罪坐各官"。有一个字抄得不对就发纸重抄，不管抄多少次，只有抄对了才按一页算工作量。每册重录完毕均在册后注明该册重录总校官、分校官、写书官及圈点人员姓名，以示各人职责，校了以后认为无误才是真正完成，所以我们现在在每一册结尾的地方，会看到有总校官、分校官等衔名。抄写前后历时五年，完

图9
徐阶《世经堂集》卷六《处理重录大典奏》

成时已是穆宗隆庆元年了（1567）[9]。《永乐大典》正、副两部，分贮于文渊阁和皇史宬（《春明梦余录》）。

在副本的抄写过程中，也有几位重要人物。

"救时良相"高拱（1513—1578），字肃卿，号中玄，新郑（今属河南）人。出身官宦世家，嘉靖二十年（1541）登进士第，选庶吉士。嘉靖四十二年（1563）转吏部左侍郎兼学士，担任重录《永乐大典》总校官，现存副本每册的最后一页皆有"重录总校官侍郎臣高拱"的署名（图10）。嘉靖四十五年（1566），通过徐阶推举，拜文渊阁大学士。隆庆后期出任内阁首辅，开创了"隆万大改革"的先河，被誉为经纶伟业的社稷名臣。

张居正（1525—1582），字叔大，号太岳，幼名张白圭，湖广荆州卫（今湖北省荆州市）军籍。生于江陵县（今湖北省荆州市），故称之"张江陵"。明朝政治家、改革家、内阁首辅。嘉靖二十六年（1547）进士。隆庆元年任吏部左侍郎兼东阁大学士，后迁任内阁次辅，为吏部尚书、建极殿大学士。隆庆六年（1572）代替高拱为内阁首辅，晋中极殿大学士，一切军政大事均由张

9《四库全书总目》载："嘉靖四十一年……重录正副本。"原文下注："案事见明实录。"查《明世宗实录》则为"重录一部"。本文以实录为正。

图 10
《永乐大典》卷五二五二后衬页
总校官高拱等署名

學士　臣　瞿景淳

分校官修撰　臣　丁士美

書寫辨事吏　臣　張天祥

圈點監生　臣　雷應化

臣　馬泉等

十一興宗名宗真聖宗長子母曰欽哀皇后蕭氏在位二十四年壽四十
謚曰神聖孝章皇帝景福一重熙二十二道宗名洪基興宗長子母
曰仁懿皇后蕭氏在位四十七年壽七十謚曰仁聖大孝文皇帝清寧
十咸雍十大康十大安十壽隆七天祚名延禧道宗之孫刑實
濫好禽色女真改號大金與宋夾攻之為其所獲降封海瀕王卒在位二
十四年壽五十四乾統十天慶七保大四右遼九主共二百十
年括曰太祖太宗始創業世穆景興道
接天祚以上共九君二百十年金所滅

永樂大典卷之五千二百五十二

居正主持裁决，任内阁首辅十年，实行一系列改革措施。辅佐万历皇帝进行"万历新政"，史称"张居正改革"。万历十年（1582）六月病逝后赠上柱国，谥文忠（后均被褫夺）。张居正做过重录《永乐大典》的分校官，收录卷二三四〇至二三四二这三卷的那一册里有张居正做分校官的记载（图11）。

嘉靖皇帝于1566年十二月去世，重录在隆庆初年（1567）才完成，所以嘉靖皇帝去世前并没有看到重录完的《永乐大典》。之后，《永乐大典》正本留在文渊阁，明亡的时候不知下落，现在仍有很多猜测。副本抄录完后存放在北京的皇史宬。清雍正年间，被移贮翰林院敬一亭。光绪二十六年（1900），八国联军入侵北京，与东交民巷比邻的翰林院因为靠近使馆区，沦为战场。敬一亭被毁，《永乐大典》几乎全部被焚毁，简直是灭顶之灾。据说有些着火的书被扔到附近水池里面灭火，还有一些被侵略者带到各地，流散到各处。

关于正本的去向，对其分析猜测主要有以下几个观点：

第一是随葬说。随葬到嘉靖皇帝墓，也就是永陵。因为在明代的皇帝里，嘉靖皇帝最喜欢这部书，他生前视《永乐大典》为至宝，死后随葬可能是早已做好的安排。这种随葬的方式并非先例，比如山东发掘鲁荒王朱檀墓时，出土有《黄氏补千家集注杜工部诗史》等典籍。另外，永陵的规模宏大，所以有《永乐大典》正本随葬的可能。当时嘉靖皇帝下令重录副本时，他最器重的文官徐阶向他奏明，重录只能"对本抄写"，工程浩大，不可能很快完成。而嘉靖皇帝则强调重录是为"两处收藏"，"以备不虞"，必须加紧完成。四年后，嘉靖驾崩，三个月后下葬，葬礼刚刚完毕，隆庆帝就宣布《永乐大典》已抄成，并重赏抄录的众臣。也是从此时起，正本便神秘地失踪了。然而截至目前，此说尚未于明清史料中发现任何文字证据。

第二是藏在皇史宬夹墙说。这是历史学家王仲荦先生的说法。皇史宬大殿没有梁（图12、图13），墙壁很奇特，东西墙厚近3.5米，南北墙厚6.1米，所以有人推测其中有夹墙，里面可以放东西，过去就有这样的猜测。事实的确如此，皇史宬里面确实存放过皇家档案，如《实录》《圣训》等。皇史宬被称为"金匮石室"，金匮是防止虫子进去和老鼠啃啮。放书的箱子外面包着金属，里面是木头，目的是保护皇家档案不受损失。墙壁如此

分校官諭德臣張居正

寫書官序班臣鄭瑤

圖繪監生臣周芬

臣曹忠

图 11
《永乐大典》卷二三四二后衬页
分校官张居正等署名

於學校尤所以窕心則是堂之建所以經之營之不日而成之也是役也
上有府縣之官恊其心下有鄉邦之人樂其助則其速於就緒也亦宜至
元二十四年中元日前教授趙璧記

图 12
皇史宬

图 13
皇史宬石室

厚可以恒温恒湿，不受潮，也防盗。不过，《永乐大典》体量巨大，至少现在的情况是墙里面不会有《永乐大典》正本。而且《永乐大典》副本在录成后就入藏皇史宬，而正本同样被放置在皇史宬，违背了嘉靖皇帝"两处收藏""以备不虞"的初衷，这种可能性微乎其微。

第三是毁于明亡之际说，由郭沫若先生提出。他说，"明亡之际，文渊阁被焚，正本可能毁于此时"，认为《永乐大典》很可能是在明末李自成农民起义时候被付之一炬，起义军撤离的时候将它连宫楼一起焚毁了。

第四是明万历年间焚毁说。明万历二十五年（1597）六月，北京紫禁城大火，皇极、建极、中极三殿被焚。万历朝宦官刘若愚身为宫中内臣，理应熟知《永乐大典》保存之处，但是三殿遭大火焚烧后，他却"不知此新旧《永乐大典》二部，今又见贮藏于何处也"。明末清初学者谈迁、方中履认为，《永乐大典》正本即毁于此次大火。

第五个说法是毁于乾清宫大火。持此说法的人包括曾经担任过京师图书馆馆长的缪荃孙先生。不过，乾清宫旁边的昭仁殿曾经有个目录，里面并未著录《永乐大典》。《永乐大典》体量达一万多册，不太可能不著录，所以这个说法尚存疑。

关于《永乐大典》正本的很多猜测，也是寄希望于书还存在天壤间，那样的话我们的典籍史将更加丰富。

百年离失 徐徐回归

—— 《永乐大典》副本的聚散和调查

正本不见了，副本呢？

现在我们所知《永乐大典》副本存世四百多册，分藏在八个国家和地区的三十多家藏书机构和个人手中。一部一万一千零九十五册的鸿篇巨制，其流散和重聚的过程是怎样的呢？

《永乐大典》副本抄录完曾经放在皇史宬，据清康熙年间翰林院侍读学士高士奇撰《续编珠》记载，副本早在明清鼎革之际已有佚失。

清雍正年间，副本被移至翰林院敬一亭，或被大臣们借阅，或被用来辑录佚书。乾隆时，《四库全书》馆开馆，一些官员利用从《永乐大典》裒辑佚文的近水楼台之便盗窃，至乾隆五十九年（1794），副本已缺失一千一百五十四册。如乾隆三十九年（1774），《四库全书》修纂人员黄寿龄将书带回家读，后被人偷走，乾隆为此非常恼火，下令严缉盗贼，偷者害怕，悄悄将书放在御河桥边。黄寿龄因此事被罚三年俸禄。四库馆为此严加管理，不再允许把书拿出去。乾隆帝非常重视《永乐大典》副本的保存，但对《永乐大典》的残缺，他也颇感无奈，曾作诗感叹："大典犹看永乐传，搜罗颇见费心坚。兼及释道欠精核，久阅沧桑惜弗全。"

嘉道年间，翰林院用《永乐大典》编纂《全唐文》《大清一统志》等书，副本又被盗走无算。咸丰十年（1860），北京失陷后，夹带盗窃之风愈发猖狂，而咸同以来，官员利用职务之便盗出《永乐大典》，已成风气。刘声木在《苌楚斋随笔》中描述："早间入院，带一包袱，包一绵马褂，约如《永乐大典》两本大小，晚间出院，将马褂穿于身上，偷《永乐大典》两本。"抄录官入馆的时候拿一个包袱，包袱里面包着马褂，叠的形状刚好跟两册《永乐大典》的厚薄和大小差不多。虽然在入馆的时候做有登记，但抄录官干完一天活之后，把马褂穿上，另将两册《永乐大典》放在包袱里偷出来。这样两册两册的丢失，导致副本开始大规模流散。翰林院侍读学士文廷式一人就曾盗走百余册《永乐大典》。这些被盗走的书多被售予各国使节、书肆和文人。

咸丰十年，英法联军攻入北京，《永乐大典》被英法侵略者劫掠，现藏中国之外的《永乐大典》以英国为最多，恐与此次劫掠有关。清人王颂蔚《送黄公度随使欧洲》诗中有"大典图书渊，渔猎资来学。岁久渐沦芜，往往山岩伏。颇闻伦敦城，稿尚盈两屋。愿君勤搜访，寄我采遗目"，可为流散英国的佐证。大英图书馆、牛津大学博德利图书馆、伦敦大学亚非学院均藏有数量不菲的《永乐大典》残册，近年笔者访英时多现场目验过。

光绪元年（1875）修缮翰林院建筑时，清查所存《永乐大典》已不足五千册，缪荃孙《艺风堂文续集》卷四《永乐大典考》中有描述，说当时曾经为此"严究馆人，交刑部，毙于狱，而书无着"。第二年，翁同龢入翰林院检查《永乐大典》，只剩八百余册，这个数字在《翁文恭公日记》中有记载。光绪十九年（1893）减少到六百余册。

1900 年 6 月，八国联军镇压义和团运动，与英国使馆一墙之隔的翰林院也成为八国联军入侵北京时的战场（图 14）。战火中的《永乐大典》，有的化为灰烬；有的被当作上马时候的垫脚砖；有的用来支垫军用物资，构筑战壕，填平沟渠；还有的已经被火引燃，为了灭火，人们索性把书扔到旁边的池子里，现在有的书上有些水渍，可能就是曾经被扔到水池里的那批；更有不少被英军抢掠运回英国。英国使馆官员翟理斯在《使馆被围日记》中记录

图 14
八国联军进北京

了他在硝烟中从翰林院废墟里拾得一些《永乐大典》，其中的一册还作为战利品交给他父亲收藏；同为使馆人员的威尔在《庚子使馆被围记》中也记录了翰林院数千万卷藏书遭哄抢的情境，里面还有译学馆官员刘可毅在侵略者马槽下捡到《永乐大典》的描述。

还有一些侵略者从中国人手中购买《永乐大典》。东洋文库的前身是英国人莫利逊在北京创立的莫利逊文库，在"庚子事变"中，莫利逊得六册《永乐大典》，他身故后，东洋文库从其遗孀手中接收了这些书。1943年，嘉业堂收藏的四十九册《永乐大典》欲出售，消息传出后，被东洋文库和满铁图书馆勾结获取。民国年间，董康带出十七册，后贩卖至日本。珍贵的《永乐大典》四分五散，开始了在异国他乡的流浪。宣统年间筹建京师图书馆（今中国国家图书馆前身）的时候，翰林院收藏的《永乐大典》只剩六十四册。从一万多册到只剩六十四册，说它经历劫难毫不为过。

这些书是怎么到中国国家图书馆来的呢？中国国家图书馆古籍馆赵爱学博士曾经根据馆藏档案将《永乐大典》入藏的情况进行梳理，写成《国图藏嘉靖本〈永乐大典〉来源考》，发表在 2014 年《文献》第三期上。

综合分析，《永乐大典》最终被收藏到中国国家图书馆的途径主要有三：

一是拨交。

1909 年，京师图书馆建立，清政府学部提议把翰林院的六十四册《永乐大典》拨交京师图书馆，但未能及时办理。后中华民国成立，鲁迅先生在教育部做社会教育司第一科科长时，分管图书馆、博物馆工作，经他运作，国务院批准，1912 年 7 月，教育部正式发函拨付《永乐大典》于京师图书馆（图 15）。这是中国国家图书馆入藏的第一批《永乐大典》副本原件。当时书放在翰林院掌院学士陆润庠府，1912 年，京师图书馆从陆府接收，仍留四册暂存教育部图书室做展览之用，实际回馆的只有六十册。直到 1929 年，另外四册才回到馆里。

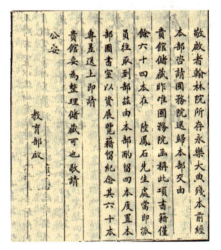

图 15
教育部拨交京师图书馆《永乐大典》

二是赠送、归还，特别是海外回归。

1931 年，文津街新馆启用，美国的英格丽夫妇捐赠了一册《永乐大典》。原书卷末有英格丽夫妇致北平

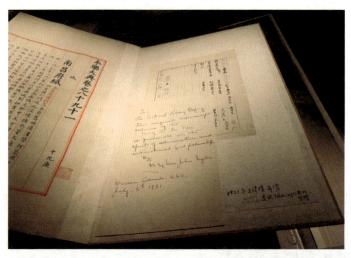

图 16
英格丽夫妇捐赠
一册《永乐大典》
英文短笺

图书馆（中国国家图书馆前身）的英文短笺（图 16），表明是基于钦佩和国际友谊而捐。

1949 年后，《永乐大典》的入藏迎来了高速增长期。1951 年，苏联列宁格勒大学东方系将十一册《永乐大典》赠还中国政府。1954 年，苏联国立列宁图书馆又送还了五十二册，民主德国和苏联科学院也分别赠还了三册和一册。因此，在这个时间段，有六十七册《永乐大典》实现了海外回归。

苏联国立列宁图书馆赠还的五十二册中有卷四八〇、四八一"忠"字，卷二二六二、二二六三"湖"字（图 17），卷七五四三"刚"字等韵，书上多钤有"吴兴刘氏嘉业堂藏书印""刘承干字贞一号翰怡"印等，卷七五四三"刚"字册另钤"人间孤本""翰怡汲古""御赐平衡清格"三印。

嘉业堂主人为著名藏书家刘承干。刘承干（1881—1963），字贞一，号翰怡、求恕居士，浙江省吴兴县（今湖州市）南浔镇人，近代著名的藏书家与刻书家，晚年自称嘉业老人。清时以赈灾捐银补内务府卿。辛亥革命后，以清遗老自居，长居上海。刘承干自清宣统二年（1910）开始致力于聚书藏书，入民国后，在上海接收了许多著名藏书家散出的古籍，藏书多达一万两千四百五十部十六万册。嘉业堂藏《永乐大典》约在 1938 年售予满铁大连图书馆，1945 年大连解放后作为战利品被苏联运回国内。20 世纪 50 年代中苏友好，苏联国立列宁图书馆赠还中国五十二册《永乐大典》，由北京图书馆（1998 年 12 月 12 日起，更名为中国国家图书馆）收藏。

1951 年，十一册《永乐大典》赠还中国政府后，北京图书馆为此举办了一次展览，宣传《永乐大典》的价值，讲述其惨遭劫掠的遭遇。此次展览之后，很多民间的收藏者感知此举的重要意义，纷纷把自己收藏的《永乐大典》捐出，民间捐赠方面出现高潮。同年 8 月，实业家、

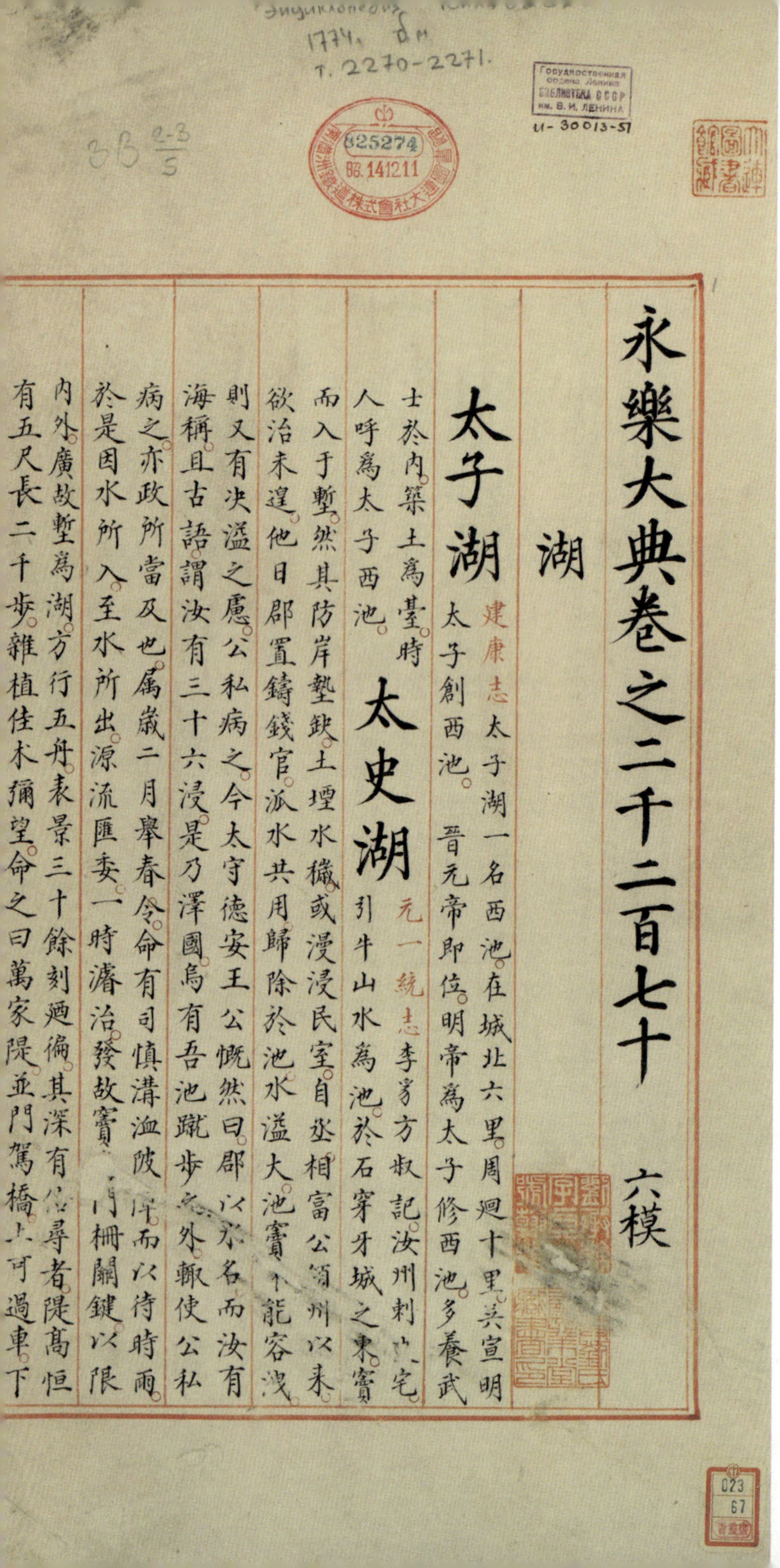

永樂大典卷之二千二百七十　六模

湖

太子湖

建康志 太子湖一名西池在城北六里周迴十里吳宣明
太子創西池。晉元帝即位明帝為太子修西池多養武
士於內築土為臺時太子創西池。
人呼為太子西池。

太史湖

元一統志 李嵩方叔記汝州刺史宅
引牛山水為池於石穿牙城之東寶
而入于塹然其防岸墊土壅水礙或漫浸民室自丞相富公領州以來
欲治未遑他日郡置鑄錢官派水共用歸除於池水溢大池實↑龍容淺
則又有決溢之虞公私病之今太守德安王公慨然曰郡以不名而汝有
海稱且古語謂汝有三十六浸是乃澤國烏有吾池蹺步之外郵使公私
病之亦政所當及也屬歲二月舉春令命有司慎溝洫陂障而以待時雨
於是因水所入至水所出源流匯委一時濬治發故竇·門栅關鍵以限
內外廣故整塹為湖方行五舟表景三十餘刻廼偏其深有任尋者隄高恒
有五尺長二十步雜植佳木彌望命之曰萬家隄並門駕橋小可過車下

图 17
从苏联回归的
《永乐大典》
"湖"字韵

古籍收藏家周叔弢先生把家藏的"杭"字册《永乐大典》无偿捐献给北京图书馆，共襄盛举。他在捐赠时写了一封信，评价这件事是"珠还合浦，化私为公"，并认为是"中国人民应尽之天责也"（图18），这是民间捐赠的新开端。周叔弢的这一册《永乐大典》本是1914年11月由傅增湘在北京为张元济代购，12月15日由缪荃孙带到上海转交给张元济。张元济重视乡帮文献，故把此册自留，未入涵芬楼。大约二十年后，张元济因生活困难，把此"杭"字册售给了周叔弢，成为周氏藏书。

　　1951年，在张元济先生的倡议下，商务印书馆所属东方图书馆把所藏的二十一册《永乐大典》捐赠出

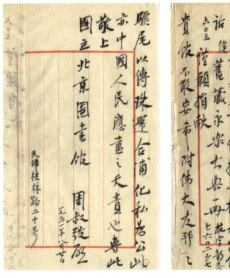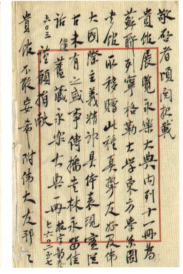

图 18
周叔弢捐赠函

来，入藏北京图书馆（图19）。东方图书馆捐的21册有卷二二七五、七三二五、七五〇六、一一一二七、二一九八三等"湖""郎""仓""水""学"字，书上均钤有"涵芬楼""海盐张元济经收"等藏印。张元济（1867—1959），字筱斋，号菊生，浙江海盐人。近现代著名出版家、版本目录学家。1902年进商务印书馆，先后任编译所所长、经理、监理、董事长，终身致力于文化出版事业，对古籍整理出版做出过巨大贡献。二十一册《永乐大典》中，有四册内容为《水经注》前半部，曾为著名藏书家傅增湘（1872—1949）藏书，后让予蒋汝藻。蒋汝藻（1877—1954），字孟苹，号乐庵，浙江吴兴（今湖州）南浔镇人。蒋家是藏书世家，有传书楼、密韵楼等藏书楼。1926年1月，在张元济的推动下，商务印书馆出资购买了蒋汝藻密韵楼所藏古籍善本，其中包括九册《永乐大典》。

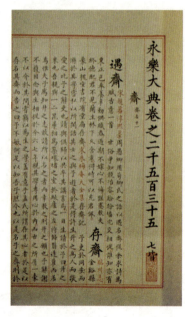

《水经注》后半部，卷一一一三五至一一一四一，"水"字韵，共四册。所钤藏印有"看云忆弟居珍藏

善本书籍印""李宗侗藏书""玄伯""国立北京大学藏书",为李宗侗旧藏。李宗侗（1895—1974），字玄伯。河北高阳人，早年留学法国，回国后任北京大学讲师、清室善后委员会顾问、故宫博物院秘书长等职。1948 年后去台湾。卷一一一四一末页还有李氏篆文题记，说明了《水经注》后半部得书经过及前半部递藏源流："右《永乐大典》内《水经注》后七卷，今年春间得于北平，祁文端公旧藏也。盖自张石州先生校后，近代学者未有见之者矣。其前八卷曾藏蒋孟苹家，现归涵芬楼。民国十有九年八月高阳李宗侗识。"由题记可见该册原为祁寯藻旧藏，1930 年春李宗侗购于北平。祁寯藻（1793—1866），字叔颖，又字淳甫，自号春圃，又号观斋。山西寿阳人。嘉庆十九年（1814）进士。历任内阁学士，礼部、兵部、户部侍郎，兵部尚书、体仁阁大学士、实录馆总裁、礼部尚书等职。卒谥文端。后来李宗侗将所藏这四册《永乐大典》售给了北京大学，1958 年，北京大学又将这四册赠予北京图书馆，让《永乐大典》本《水经注》在北京图书馆实现合璧，成为《永乐大典》收藏史上的一段佳话。《水经注》宋本在历史上几乎残佚，以这八册《永乐大典》几乎可以将其还原。

1948 年，曾任教育总长、故宫博物院图书馆馆长的傅增湘先生将自己早年收藏的一册《永乐大典》由长子傅忠谟转北平图书馆。这册是卷八二一、八二二、八二三"诗"字册，钤"藏园秘籍""双鉴楼珍藏印""莱娱室印""傅印增湘""佩德斋""晋生心赏"印。傅增湘《藏园群书题记》卷九《永乐大典跋》曾提到这册，说购自"史吉甫太史家"。吉甫是史宝安（1875—1941）的字，河南卢氏人。清光绪二十九年（1903）进士，任翰林院编修，入民国后任国会参议员，为藏书家徐坊长婿。1916 年徐坊故去，所藏善本便多归史宝安。藏书室名枣花阁书库。此册《永乐大典》应是史宝安继承岳父徐坊的旧藏。现暂存台北故宫博物院的卷六六一、六六二"雕"字，卷二一〇二五、二一〇二六"律"字，卷二二七六一"剳"字三册，则是徐坊旧藏流出，由文禄堂书店售予北平图书馆。

九一八事变以后，华北局势动荡，政府下令古物南迁。北平图书馆先将敦煌写经、古籍善本、金石拓片、舆图及珍贵的西文书籍装箱后存放在天津大陆银行等较为安全的地方（图20）。1933年5月，北平图书馆接教育部电令，将包括《永乐大典》在内的善本典籍运往上海，存放在公共租界仓库，并成立上海办事处负责管理。

这期间，《永乐大典》的收藏从未停止，到1934年，馆藏数量已达九十三册。1937年"八一三"事变以后，上海沦陷。代理馆长袁同礼先生和上海办事处钱存训先生通过驻美国使馆与美国联系，决定将善本进行挑选之后运往美国寄存。这批善本在太平洋战争爆发之前运抵美国，由美国国会图书馆代为保管。美国在1965年归还的时候把善本运到了台湾省，暂存台北故宫博物院，其中有六十二册《永乐大典》。

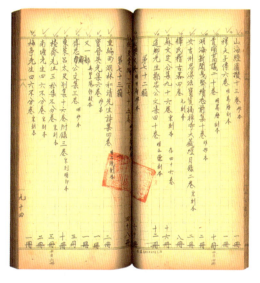

图20
北平图书馆善本
书装箱目录

海外回归的经典案例还有陈清华旧藏四册。陈清华（1894—1978），字澄中，号郇斋，湖南祁阳人。民国时在上海从事银行业，公余喜藏书，为民国时期著名藏书家，与周叔弢并称"南陈北周"，1949年携带其最心爱的古籍移居香港，后移民美国，书也带到美国。四册《永乐大典》中，卷八七〇六"僧"字册，原为现代著名藏书家、刻书家陶湘收藏。陶湘（1870—1940），字兰泉，号涉园，江苏武进人。清末从事实业，民国后入商界、金融界。一生极喜藏书、刻书。陶湘晚年生活困窘，1930年左右，藏书开始散去，1940年陶湘去世，所藏《永乐大典》当于此期间让与陈清华。卷五二四八、五二四九及五二五一、五二五二"辽"字二册，钤有"吴兴刘氏嘉业堂藏书印""刘承干字贞一号翰怡""御赐金声玉色"三印，又钤"祁阳陈澄中藏书记"印，曾为刘承干旧藏，后转至陈清华手中。1931年5月，辽宁皇宫博物馆金梁向刘承干求购此"辽"字二册，商定千元价格，并委托商务印书馆沈阳分馆代交。6月初，商务印书馆沈阳分馆转交并代收钱款。金毓黻在《静晤室日记》中记录，此次交易原来是他委托金梁代购。金毓黻（1887—1962），又名毓绂，号静庵，辽宁辽阳人。中国近现代著名历史学家。金梁（1878—1962），字息侯，号瓜圃老人，满洲正白旗人。学者、书法家。因金毓黻猜测此"辽"

字册"必谈及辽东事",所以托金梁辗转寻求。但金毓黼收到书后比较失望,指出该书水平不高,且"皆属于耶律氏一代之事",非关辽东事。所以 1933 年金毓黼仅依原样抄了两册,原书大概在同年回到市面,由上海忠厚书庄代售。忠厚书庄曾向张元济和陈清华兜售,陈清华大概在 1937 年后最终购藏。

新中国成立后,陈清华藏书曾分别于 1955 年、1965 年、2004 年分三批为国家购回。1955 年,文化部文物局花重金从香港购回陈氏郇斋所藏包括此四册《永乐大典》在内的一批善本古籍,并拨交北京图书馆收藏。

社会捐赠方面,还有赵元方先生捐家藏一册,广东文管会、张季芗先生、金梁先生、徐伯郊先生、陈李蔼如先生、赵万里先生都有捐赠,增加了不少馆藏量。

其中不得不提的名字还有徐伯郊(1913—2002),他是著名文物鉴赏家、收藏家徐森玉之子。浙江吴兴人。秉承家学,精于书画及古籍版本鉴定。卷七三二八"郎"字册钤"诗外簃藏书"印,曾为徐伯郊旧藏。"诗外簃"为徐伯郊斋号。1951 年,徐伯郊把此册捐献入藏北京图书馆。

三是馆员搜访和捐赠。

本馆馆员锲而不舍地搜寻购藏是《永乐大典》进入中国国家图书馆的重要路径。早在1927年1月，以220元购自肄雅堂卷八〇二五至八〇二六一册"成"字册；1927年4月，以一个大洋加205元从丰记书局购买卷七八五六至七八五七"星"字册；1928年，从文禄堂购买了三册，从丰记书局购买到四册；1931年，经驻法国公使高曙青介绍，从法国购回五册；1932年，黎邵平购藏到两册；1932年，从琉璃厂崇文斋以1000元购藏到两册；1935年，从李威年处以300元购藏到一册；1936年，从李进庵处购得一册；1937年，从张卿五处购得一册；1938年，王重民先生在英国购入一册。

抗日战争期间，爱国文化人士抢救、搜集古籍善本的工作一直没有停止。困居上海的郑振铎先生以一介书生之力，抢救流失的文献，他不停地出入书肆，寻找善本，避免这些书流到国外。他当时说了一句话，现在听来还是振聋发聩——"史在他邦，文归海外，奇耻大辱，百世莫涤。"意思是，假如这些书都到了国外，我们研究中国的历史、文学，还要到国外查询我们祖先留存的资料，这是一种耻辱。时任北平图书馆馆长的袁同礼先生在后方四处筹措购书经费。那一段时间收集的善本中有两册《永乐大典》，还有《古今杂剧》等古籍。

1950年3月，北京图书馆副研究员顾子刚捐献三册《永乐大典》，为新中国成立后捐献《永乐大典》第一人。这三册是卷一三四九四、一三四九五"智"字，卷一三五〇六、一三五〇七"制"字，卷二〇六四八、二〇六四九"易"字三册，三册都钤"弢斋藏书记"印，为徐世昌藏印。徐世昌（1855—1939，图21），直隶天津（今天津市）人，字卜五，号菊人，又号弢斋。清光绪进士，授翰林。官至东三省总督、体仁阁大学士。1914年，任袁世凯政府国务卿，为其复辟帝制效劳，被封为"嵩山四友"。1918年，被段祺瑞的"安福国会"选为大总统，1922年下台。晚年迁居天津租界，以编书、赋诗、写字遣兴。富藏书，室名有"书髓楼""退耕堂""归云楼"等，有《书髓楼藏书目》。此三册皆为叶恭绰1919年夏购自英国伦敦，1932年后归徐世昌所有，不为人知。徐世昌书散出后，永和书局张璞臣

图21　徐世昌

收得其中一批普通书，天津古籍书店的雷梦辰从中发现了这三册《永乐大典》，北平图书馆顾子刚从书店购藏。顾子刚（1919—1984），北京图书馆副研究员，资深专家。兼任馆办大同书店经理，利用书店盈余购买了不少善本古籍，捐献北平图书馆及后来的北京图书馆，包括《永乐大典》《敦煌遗书》等。

1983 年入藏的一册《永乐大典》颇具故事性。1983 年，在山东一位藏家的家里意外发现一册《永乐大典》。据说当时中华书局出了《永乐大典》的挂历，藏家有人在文化站看见了就说自己家也有这个书。当时大家觉得不可信，因为好几十年没有增加新册了，后来馆方派善本组王玉良先生等人去看，发现居然是一册原件。据说此册原件是老太太的嫁妆，由于开本大，纸又结实，所以用来夹鞋样了。书的天头地脚部分都不在了，据说是裁下来做了鞋样，但中国先贤留下的敬字惜纸的传统，让一位目不识丁的农村妇女把有字的页面保存下来，让里面的内容得到了基本的保全。知道书的重要价值后，藏家把书放到掖县文化馆，掖县文化馆与北京图书馆联系办理相关手续，图书馆还通过文化馆给藏家发了奖金。此书到馆里后，即由技术高超的专业修复人员肖顺华做了复原，馆中至此又增加了"门"字韵的一册（图22）。"门"字韵是把所有跟门有关的内容做了记录，而且配了图，这很不简单。比如"秦磁石门"，文化部原来的老部长说这或许是中国最早的安检门，磁石能把人带的武器检测出来，是安检门的前身。类似这种很多门的作用和样子，都能通过这册书揭示出来。

图 22
《永乐大典》
"门"字韵

目前，最晚入藏的《永乐大典》是"湖"字韵的一册（图23）。2007年，中华古籍保护计划启动，国家古籍保护中心派专家组到各地督导。去华东的施安昌、孟宪钧、程有庆等几位先生到了上海以后，遇到了从加拿大回国的袁荻文女士，她带回一册《永乐大典》，机缘巧合下与专家组偶遇，经查果然是《永乐大典》的原件，最后报文物局申请经费后把这一册买了回来。中国国家图书馆有"湖"字韵的上一册和下一册，买回的这册刚好在中间，于是顺序关联上了。从2007年发现到2013年正式办入藏仪式，中间也经历了很多周折，包括做了好几次鉴定。前面提到法国拍卖的那两册，一册是"湖"字韵，一册是"丧"字韵，我们很希望能把已有的韵凑全。

早几年我们办展览的时候做过《永乐大典》分布图，存书分布在八个国家和地区，涉及三十多个收藏单位。在法国新发现的这两册没有在上面，其实后来发现美国和日本还有收藏，中国的藏书家们都在努力让其以各种方式走上回家的路。

推动《永乐大典》汇聚中国国家图书馆的代表人物有以下几位：

鲁迅（1881—1936，图24），原名周樟寿，后改名周树人，字豫山，后改字豫才，浙江绍兴人。著名文学家、思想家、革命家、教育家、民主战士、新文化运动的重要参与者、中国现代文学的奠基人之一。

民国元年（1912），中华民国临时政府成立于南京，应教育总长蔡元培之邀，鲁迅先生任教育部社会教育司第一科科长。8月被临时大总统任命为北京政府教育部

图23
最晚入藏的《永乐大典》"湖"字韵一册

金事。从本年起至 1917 年，他大量抄古碑，辑录金石碑帖，校对古籍，其中也对佛教思想进行了一定的研究。

在第一科科长任上，鲁迅先生积极推动，将教育部藏《永乐大典》六十四册划拨北平图书馆庋藏。文津阁《四库全书》也是在这一时期经鲁迅先生之手划拨北平图书馆的。

图 24 鲁迅

郑振铎（1898—1958），字西谛，出生于浙江温州，原籍福建长乐，中国现代杰出的爱国主义者和社会活动家、作家、文学史家。

他于 1919 年参加五四运动并开始发表作品，曾任全国文联福利部部长、全国文协研究部长、中国科学院考古研究所所长等多职。在文学理论方面，他是文学革命初期"为人生"的文学的重要倡导者之一，在文学研究方面，较早提出和着手用新的观点、方法整理和研究中国文学史，特别是一贯重视民间文学和小说、戏曲的资料收集和研究，做了很多属于开拓性的工作。

郑先生在文物捐献、抢救等方面，贡献巨大，对《永乐大典》的搜集整理尤其关心。上海沦为孤岛时期，他以一介书生之身，联合北平图书馆等机构抢救散出的古籍，其中有两册《永乐大典》。1949年后，郑振铎任中央人民政府文化部文物局局长，兼中国科学院考古研究所、文学研究所两所所长。上任后不久，即将他生平所藏近七百件汉、魏、隋、唐、两宋的陶俑等文物全部捐献给国家，入藏故宫博物院。他对推动这一时期各界献书献宝热潮起到了重要作用。张元济、周叔弢捐赠《永乐大典》，苏联列宁格勒大学向我国赠还《永乐大典》等事宜，均由其经手并转拨北京图书馆收藏。在其努力下，1951年8月，北京图书馆成功举办《永乐大典》展览，极大激发了各界群众的爱国热情，纷纷将自己收藏的《永乐大典》等古籍交由北京图书馆集中存藏。

1954年，他被任命为文化部副部长，分管文博事业。1958年10月17日，他奉命率中国文化代表团出国访问，因飞机失事殉职。他去世后，其家属遵其遗愿，将近十万册珍贵藏书全部捐献给国家，并在北京图书馆设专藏。

对《永乐大典》存世情况的调查，不得不说的是袁同礼先生。袁同礼（1895—1965），1929至1948

年间先后担任北平图书馆副馆长、馆长，是世界范围内最先调查《永乐大典》存世卷目的人。他历时十五年，足迹遍及美、英、德、奥等国，对流散国外的《永乐大典》进行调查、收集、复制，至 1933 年，证实中外公私所藏有三百四十九册，基本摸清了海内外所存《永乐大典》的状况，并在任内实现了大多数现存《永乐大典》的影像回归，功绩卓著。袁同礼先生还先后撰写发表《〈永乐大典〉考》等文章，为后人进一步研究《永乐大典》奠定了基础。（图 25、图 26）

袁同礼先生之后，对《永乐大典》存世情况做全面梳理的是中华书局的张忱石先生。1986 年，他在中华书局出版《〈永乐大典〉史话》，书中将当时调查到的《永乐大典》存卷进行了公布，并于 2014 年在国家图书馆出版社再次出版中更新了存卷情况。从这之后，再增加一册《永乐大典》的信息似乎都很艰难。

记得 2014 年 7 月 26 日，美国加州大学洛杉矶分校东亚图书馆的陈肃馆长给我发来邮件，告知在亨廷顿图书馆有位华人馆员叫杨利伟，在馆藏中发现一册《永乐大典》，是 20 世纪 20 年代到该馆的，但是不是副本的原件，他有些拿不准，发来的邮件还附了一张书影。我和同事初步判断是原件，并请陈肃馆长再发送几张书影以便进一步确认。8月1日，陈肃馆长将九张书影发送给我，看后可以确认的确是《永乐大典》副本的原件，卷次是一〇二七〇和一〇二七一。11月27日，陈肃馆长再次发来邮件，说："亨廷顿图书馆拟将最近新发现的两册《永乐大典》赠送给中国国家图书馆，本周一已与洛杉矶领事馆的文化参赞谈了此事，昨天一位与会者告知我的，觉得这等好消息我一定得先告知您一声。"听闻此信，我兴奋异常，后来得知，参赞是车兆和先生。再之后，正在美国哈佛燕京图书馆撰写书志的中国国家图书馆刘波同志应邀目验了这册《永乐大典》。遗憾的是，即使经过多次沟通，我和馆领导还专门去了亨廷顿图书馆与负责人洽商此事，或许缘分未到，这一事宜至今仍未办理成功。

再之后就是金亮先生拍得的两册《永乐大典》了，我也算亲历了整个过程，虽然书没入藏中国国家图书馆，但也实现了国宝回家。

2009年，普林斯顿大学的艾思仁先生曾以《一封关于〈永乐大典〉的公开信》呼吁将所有目前藏于中国境外的《永乐大典》残卷悉数归入中国国家图书馆。

图 25
袁同礼先生编
《永乐大典现存卷目表》1

永樂大典現存卷目表

袁同禮

永樂大典爲有明一代鉅製天壤間罕見之書，多賴之以傳。今全書已散佚，然余歷年足跡所至，於海內外公私藏家所見，殆不下三百五十册。已先後載其目於學衡雜誌圖書館協會會報北海圖書館月刊中。今秋復排比前目，益以最近所聞見者，實得三百四十九册，然尚不及全書百之三耳。至其他殘存之數，固當倍蓰於此，海內外學人有以所藏所見卷數見示者，余日望之矣。二十一年十二月袁同禮識。

卷數	葉數	韻	目	內　　容	庋　藏　雜　記
四八○	三一	一	東	忠義十五	
四八一	一七	一	東	忠義十六 忠義十七	吳興劉氏
四八二	一五	一	東	忠詩文	
四八三	一一	一	東	忠詩文二	郎邪王氏
四八四	一三		東	忠經一	
四八五		一	東	忠傳二	海鹽張氏　以上分裝三册
四八六		一	東	忠事韻	
四八九	二○			終韻	
四九○	二二	一	東	終篇等字	北平圖書館

卷數	册	韻	目	收藏者
八五○　八五一	二	支	詩帖二十　詩帖十九（以下接他頁）	海鹽張氏
八五一八	二	支	詩宋四　詩宋	吳興劉氏
八五二○	二	支	詩宋一八　詩元	吳興劉氏
八九○九　八九一○	二	支	詩元二　詩元	京都府立圖書館
九○二一	二	支	詩元四	柏林人種博物院
九○三三　九○四三	二	支	詩國朝諸詩　詩金鏖錦詩	吳興劉氏
九○五八　九○六六　九○七○	二	支	詩中州集　詩寒山詩	長興王氏
九一四	二	支	詩諸家詩目三　詩諸家詩目二　詩家詩	吳興劉氏
九一七　九一八　九一九	二	支	屍　驗屍	吳興劉氏
九二一○	二	支	師太師　師二	來比錫大學（寄存）
九二一一	二	支	師少師　師師　師太子太　師太子少師　師三師	
九二二	二	支	師宗師諸　師氏　師國師　師儒師　先師　師事韻一　師事韻　師二	

（縱欄標題：永樂大典現存卷目表　　三）

图 26　袁同礼先生编《永乐大典现存卷目表》2

但据艾思仁先生说，对其提议的反应，90%的人持赞成意见，而各收藏机构的反应则是一概否定。至今《永乐大典》收藏的格局一仍其旧，艾思仁先生的愿望在短期内应该是无法实现的。但是国家图书馆出版社的影印出版或许是让《永乐大典》存世全部残卷聚合的另一途径。现在已经完成二百九十七册的影印工作，约是全部已知存卷的70%，后续还需要继续努力。

调查公布《永乐大典》存世情况的还有2019年社会科学文献出版社出版，由张升撰写的《〈永乐大典〉流传与辑佚新考》。

皇家气派顶级书装

——《永乐大典》的装帧和材料

　　《永乐大典》采用的是中国传统书籍装帧形式之一的包背装，是把书装订好以后，在外面附一整张书皮，简单讲就是用一整张硬壳把书护起来。包背装产生于元代，盛行于明，清代《四库全书》采用的也是包背装，显得庄重而结实。中国国家图书馆古籍馆的老前辈，也是做印刷史和书史研究的丁瑜先生认为："用硬纸（作为）书面包背，是包背装早期的做法，形同现代的精装。"这是他的观点。

　　《永乐大典》书皮的左上方贴黄色镶蓝边的书签，写的是《永乐大典》的书名和卷次，右上方贴的也是黄色镶蓝边的签，写的是书目和本册次第（图 27）。每册从二十几页到七八十页不等，按现存各册平均下来是将近五十页，一册一般是两卷，也有一卷或者三卷本。全书开本均高 50.3 厘米，宽 30 厘米，跟一般古籍的大小比，《永乐大典》的开本非常大。全书手绘朱丝栏，框高 35.5 厘米，宽 23.5 厘米，有皇家气派，包括黄色也是皇家专用的颜色。再看它的行格，每半页的大字只有八行，小字双行二十八字，所有的行格均为红色。

　　《永乐大典》的前、后书衣用多层宣纸托裱，成为厚度为 1.2 ～ 1.6 毫米的纸板，外用黄绢刷糨糊，与

图 27　《永乐大典》封面

前、后纸板及书背包裹连接在一起。整个书衣是一整张连接在一起，起到保护书的作用。书衣连接好后，再与《永乐大典》本身进行连接。连接方法与软面包背装不同，软面包背装书衣与书的连接是书衣四边回折，并与书脊、前后护页相粘连。而硬面包背装书衣与书连接的方法，以《永乐大典》为例：书脊并不浆背，因为《永乐大典》没有护页，所以《永乐大典》与书衣的连接只依靠书衣与《永乐大典》在书脊处的粘连。这显然不够牢固，为了增加牢固程度，在装帧时，在为书衣背面贴封纸的过程中，特意在靠近书脑的位置多留出宽4厘米左右的富余封纸，称作"耳朵"，然后把"耳朵"粘贴在书脑处，让书衣与《永乐大典》连接在一起。这种处理方式既增强了书衣与《永乐大典》连接的牢固程度，又把书脑处的纸捻掩盖起来，一举两得，十分巧妙。

《永乐大典》用的纸张也不一样。现在看民国时期的文献，或者近些年出的报纸，过了一百年甚至只过了三四年就已经发黄变脆。而《永乐大典》，包括早期宋元时期古籍的纸张，甚至一千多年前"敦煌遗书"的纸张，韧性还非常好，触手如新。在古籍文献领域，白棉纸指的是明清时期制作比较精细的楮皮纸（构皮纸）

或者桑皮纸。过去一般认为《永乐大典》用的就是白棉纸，这种纸质地洁白柔韧，"茧素灿如雪"，韧性很强，不容易撕裂，厚度约 0.12 毫米。这种纸在嘉靖朝前后百年间生产量很大，是极佳的书写用纸，堪与南唐文房三宝之一的"澄心堂纸"相媲美。当时孔子六十九代孙、清代经学家孔广森曾云："比澄心于宋纸，殊镜面于吴笺。"清内阁学士翁方纲亦有诗曰："澄心堂纸欧阳诗，此纸年数倍过之。"极尽溢美之词。

后来开四库全书馆的时候，因为白棉纸特别好，很珍贵，就把它用来奖励贡献大的大臣，当时的大臣在日记里有记载。如曾任乾隆时期分校《永乐大典》总裁官的王际华，在《王文庄日记》中记录了乾隆帝将《永乐大典》余纸裁剪后赏赐官员的事情（图 28）。《永乐大典》每册末尾有重录官署名的那一页的空余部分叫余纸，但《永乐大典》现存的书里，几乎每册最后都是裁下来剩半页的纸，另外半张纸有的被裁下来赏赐给大臣了，还有一部分被拿去仿造藏经纸，所以这个纸即便在清代也是非常珍贵的。翁方纲在作诗之余，也对《永乐大典》的用纸及余纸的赏赐做了介绍（图 29）。

我国研究造纸的顶级专家潘吉星先生认为，《永

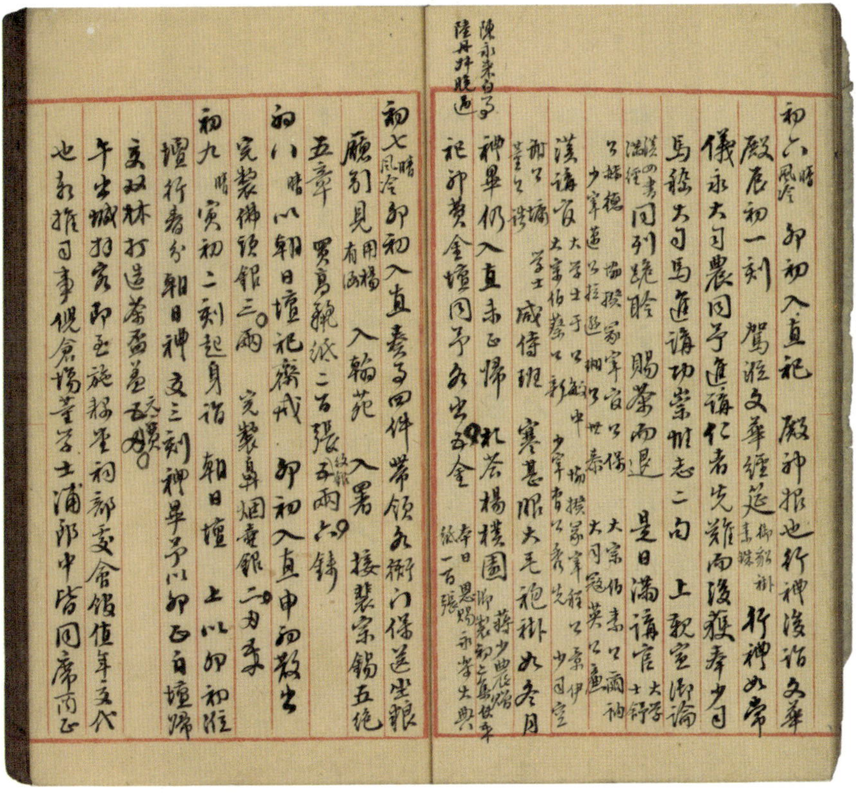

图 28
《王文庄日记》中乾隆帝
将《永乐大典》余纸裁剪
后赏赐官员的记载

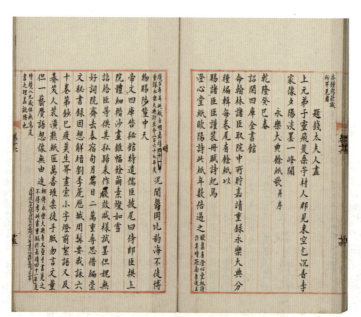

乐大典》用纸的产地是江西南昌，用的是西山的官纸局所生产的楮皮纸（图30）。江西皮纸是明代非常重要的纸系，原产于江西的广信府、玉山等地。明代屠隆在《考槃余事》卷二《纸笺》中谈到本朝纸时写道："永乐中，江西西山置官局造纸，最厚大而好者，曰连七……"其中提到的连七应是纸的尺幅大小，以尺幅大小相区分，还有连二、连三、连四之说。也有人说"连七"是人名，观点不一。

关于永乐年间西山官局造的纸，明代江西新建学者陈弘绪（1597—1665）在其所著的《寒夜录》卷下中云："国初（明初）贡纸，岁造吾郡西山，董以中贵，即翠岩寺遗址以为楮厂（纸厂）。其应圣宫西皮库，盖旧以贮楮皮也。今改其署于信州，而厂与寺俱废。"这一记载让我们知道，明初在江西南昌府新建的西山翠岩寺，曾经办过纸厂，它的纸是供内府御用的，而且朝廷也派人监造。所砍的楮皮，当时放在当地应圣宫西皮库。所以潘吉星先生认为："西山纸厂似为抄写《永乐大典》而于永乐元年所特设。"或许《永乐大典》正本使用的正是这种纸张。

中国国家图书馆古籍保护科技文化和旅游部重点实验室易晓辉副研究馆员认为潘先生这种说法目前来看似乎有两处疑点：

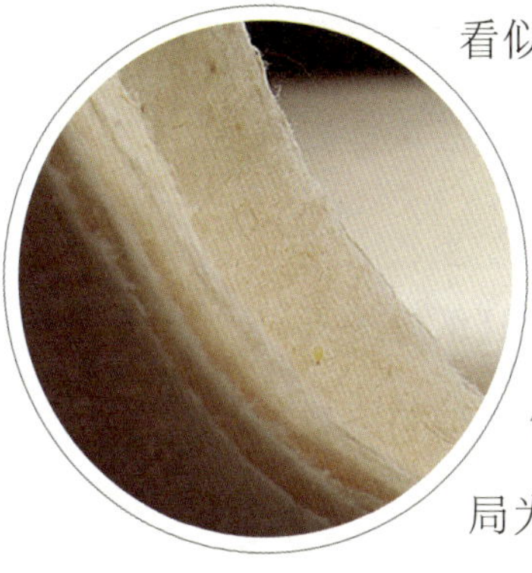

图 30　楮皮纸

其一，明代的官纸局归属于户部宝钞提举司，主要业务是生产纸币所用的钞票纸。若说专门给《永乐大典》供纸，似乎有一点不务正业。尽管官纸局为朝廷造纸顺理成章，但特设之说还是有些牵强。

其二，今天全世界现存的《永乐大典》，并不是永乐年间的正本，而是嘉靖时重新抄写的副本。如果说永乐正本使用的是西山官纸局的楮皮纸尚有些许可能，但嘉靖副本大概就要另当别论了。

他还认为，陈弘绪提到"今改其署于信州，而厂与寺俱废"，说的是隆庆、万历之际，官纸局由西山迁往广信府，即今天江西上饶一带，原来翠岩寺的纸厂此后就荒废了。虽然嘉靖副本是在官纸局搬家之前抄写而成，但其实从明代中期开始，江南手工业蓬勃兴盛，广信府的玉山、铅山发展为当时的造纸重镇，不仅依靠通达的水路行销全国，还成为朝廷用纸的重要产地。彼时的西山官纸局大概早已日落西山，不得不关门迁往广信府了。

易晓辉认为《永乐大典》副本的纸张完全看不出皮纸的感觉，它细白匀净，毫无纤维感，应该是皮和竹的混料纸。

《永乐大典》副本不大可能是西山官纸局的纸，那是否意味着是广信府的纸呢？目前尚无相关记载可供印证，现在只要通过技术方法分析《永乐大典》原件的纸张纤维成分，答案便会显现出来。不过，目前文物取样被国家明令禁止，但从实验分析表明，楮皮纸跟竹皮混料纸在表面质感上的区别是比较明显的。

从纤维特性来看，楮皮（图31）纤维粗且长，竹纤维则比较短细。所以纯楮皮纸一般有非常明显的纤维感，而添加2/3竹浆的混料纸则更倾向于细腻平匀。

从目测触手的感觉以及许多资料在描述《永乐大典》书页时多有"匀细"的词语，故对其用纸更倾向于竹皮混料纸。《天工开物·杀青》描述的是明晚期广信府一带竹纸和楮皮纸的制作过程。在《造皮纸》中有这样的描述："凡皮纸，楮皮六十斤，仍入绝嫩竹麻四十斤，同塘漂浸，同用石灰浆涂，入釜煮糜。近法省啬者，皮竹十七而外，或入宿田稻稿十三，用药得方，仍成洁白。"说明在当时往楮皮纸中添加竹草算是常规操作，而混了竹料，仍然能算皮纸。从造纸工艺的复杂程度来看，混料纸的制作至少需要两套制浆工序，一般要在规模化的产区才容易实现。明清时期广信府的玉山、铅山多产竹纸，永丰多产楮皮纸，竹皮混料纸主要是在广信府一带出产。

图31 楮皮

上述对纸的描述是不是最终结论，还有待寻找更多的实证与进一步研究。

《永乐大典》的文字除标题首字用篆、隶、草等多种字体书写外，正文所用为端正整齐的楷书台阁体。台阁体（清时称馆阁体）是明清时期科举考试的统一字体，端正整齐，方便阅卷。写的人一般都经过训练，横竖怎么下笔都有规矩。台阁体发展到明末以后，受董其昌的影响，开始追求圆润，清时被称馆阁体。馆阁体和台阁体从原则上来说是一致的，但是《永乐大典》的字体和《四库全书》的字体不一样，《永乐大典》的字体更有神一些，端庄整齐。这与《永乐大典》的抄书人是经过严格的糊名考试，选择字写得漂亮一致的人有关。

《永乐大典》正文为黑色，引用书名和书口文字为红色，断句和标声符号——字旁的那些小圆点，用红色小圆戳钤印，也有人说这是用类似苇秆的空心工具蘸上朱砂戳印上的。这也就回到之前说的分工，有专门画圈点的人。旧时这样的圈点不一定都是句读，有些是标音用的，圈在左上、左下、右下、右上分别代表这个字的发音是平、上、去、入。整本书看起来朱墨粲然，非常古雅。

《永乐大典》的文字写得非常好，书法水平也高，抄得也精致，包括图绘也非常精美，被认为是写本中的上品。根据分工，《永乐大典》有专门的绘画师，里面的插图，如人物、山川、器物，绘制得非常精细（图32、图33）。大家想象一下，用纤细的墨笔去抄字，相对来说还容易一些，要画很细致的图就难多了。不过，图比文字描述更直观，我们通过观看插图，能更好地了解过去一些事物到底是什么样子，所以插图丰富也是《永乐大典》的特点。

　　《永乐大典》的墨用的是最好的徽州墨。明代，徽州墨驰名全国，该墨以黄山松烟加多种配料制成，产量大，销售全国。《永乐大典》的朱墨里面添加了朱砂矿物质，再配合其他原料做成，颜色历经近五百年不变。这也体现了古人的智慧和工匠精神，在制墨上追求完美和极致。

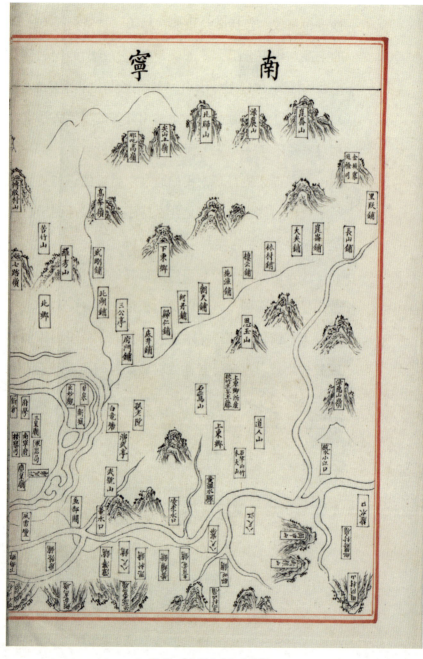

图32 《永乐大典》中的插图

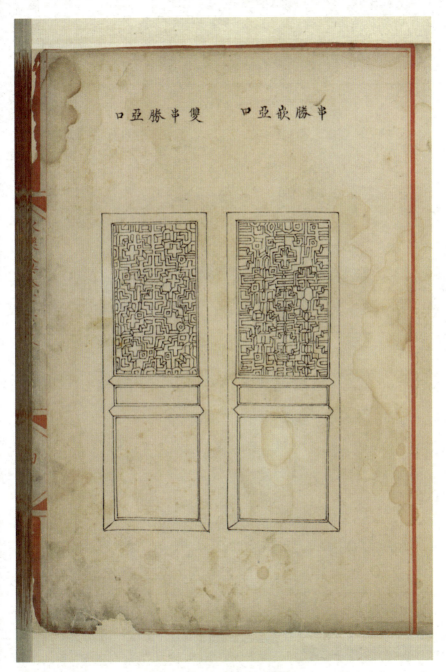

图33 《永乐大典》"门"字韵插图

直取原文 辑佚渊薮

——《永乐大典》的价值

　　《永乐大典》的特点是只取原书全文，"未尝擅减片语"，未擅自删减原书的内容，很多先秦至明初的宝贵文献得以通过它流传，虽然不是原书的模样，但是内容原汁原味地保存了下来。现在，学术界赞誉《永乐大典》为"辑佚古书的渊薮"，就是辑佚、校勘的时候，《永乐大典》是可信的原始材料。我们都知道，修《四库全书》时，很多书因为政治因素有所删改，而《永乐大典》没有，所以它在内容还原度方面是很有特点的。而原来文渊阁所存的一些图书，也就是《永乐大典》抄的底本，曾在大火中损失了很多，由此来看，《永乐大典》保存、抄录下来的那些书的内容就显得更加重要。所以后来有很多人在做其他书的时候，从《永乐大典》里辑录原书，从这个方面来讲，《永乐大典》是独一无二的宝库。比如，明隆庆间，高拱、张四维等人参与重录《永乐大典》，张四维就从中辑出《名公书判清明集》和《折狱龟鉴》二书。《名公书判清明集》辑宋、元人之案牍判语，分类编次，有南宋刻本（残本）和明隆庆三年（1569）盛时选蓝印本传世。《折狱龟鉴》是南宋郑克编撰的案例故事集，因五代和凝、和㠓父子《疑狱集》未尽详备，遂采扌正史、传记、墓志、笔记中有关侦查破案、司法鉴定、辩诬雪冤、审断疑狱等案例，补苴遗缺，分载于二十门类，如龟决疑、鉴烛物，成为判案决疑的一面镜子，有明辑本、《四库》大典本传世。

《永乐大典》的真正利用开始于清前期。清雍正间开三礼书局，《永乐大典》副本从皇史宬搬至翰林院，徐乾学、全祖望和李绂等人破天荒地得到阅读《永乐大典》的机会。他们发现其中许多是"世所未见之书"，"或可补人间之缺本，或可以正后世之伪书……不可谓非宇宙之鸿宝也"，于是相约每日读二十卷，把要辑的几种书标出来，另由四人抄写。由于卷帙浩繁，此工作非个人所能承担，所以到第二年全祖望罢官回乡时就无法再继续下去，但也已辑出《周官新义》《学易蹊径》《春秋义宗》《尚书讲义》等十余种书。

修《四库全书》时，《永乐大典》已经损失了一千多册，即便如此，亦不失其辑佚方面的重要性。清乾隆年间开四库全书馆时，安徽学政朱筠奏请"校《永乐大典》，择其中人不常见之书，辑之"，得到了乾隆皇帝的批准，并专门成立了"校勘《永乐大典》散篇办书处"，开始时人员为三十人，后又增加九人，著名学者戴震、

邵晋涵、周永年等参加了这项工作。到乾隆四十六年
（1781），共辑出经部六十六种、史部四十一种、子
部一百零三种、集部一百七十五种，总计三百八十五种
四千九百四十六卷。如西晋杜预的《春秋释例》、查考
唐人世系及生平传记的林宝《元和姓纂》、后来列入
"二十四史"之一的薛居正《旧五代史》（图 34）、
研究南宋初年历史的重要史料《建炎以来系年要录》、
著名的目录学著作陈振孙《直斋书录解题》、宋代医学
名著《博济方》和《伤寒微旨》等，这些海内难觅的古
籍，全靠这次辑出才得以流传下来。

特别重要的是北宋薛居正所修的《旧五代史》。
同为"五代史"，薛居正和欧阳修都修撰过，但因为
后世人更重视欧阳修的本子，薛居正的就慢慢失传了。
在修《四库全书》的时候，馆臣们从《永乐大典》中
辑出了薛氏的《旧五代史》。所以，如果没有《永乐
大典》，没有辑出的路径，那现在的"二十四史"就
变成"二十三史"了。

因为正史是最被重视的，所以辑出《旧五代史》
以后，乾隆皇帝特别高兴，特意作诗《题旧五代史八
韵》，文津阁《四库全书》的书架上还留有根据他的

舊五代史卷一

宋司空同中書門下平章事薛居正等撰

太祖紀第一 薛史本紀永樂大典俱見其散
原紀已佚今各韻全獨得六
十八條不具能經考黑通鑑引者僅二十
陳本未收採以史顧補成一
彙萃事蹟皆本之薛史原文首尾
未梁謹事依前人取之薛史顧
闕底紀書元龜還薛史之舊仍於
例採冊府元龜梁太祖事編年系日次第以
檢備焉
梁書一

太祖神武元聖孝皇帝姓朱氏諱晃本名溫 永樂
大典卷
八千四
十六
宋州碭山人其先舜司徒虎之後髙祖黯魯祖茂
琳祖信父誠帝即誠之第三子母曰文惠王皇后 册府
元龜

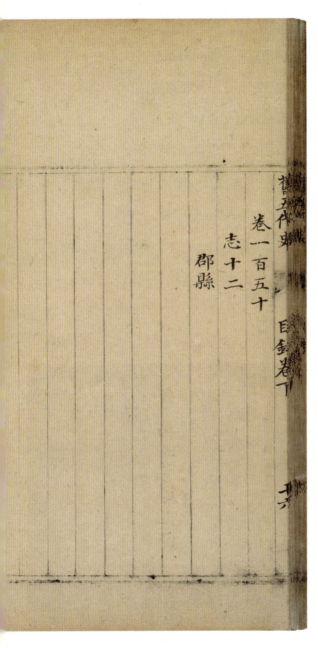

图34 《旧五代史》

御笔刻的这首诗："上承唐室下开宋，五代兴衰纪欲详。旧史原监薛居正，新书重撰吉欧阳。泰和独用滋侵佚，永乐分收究未彰。四库搜罗今制创，群儒排纂故编偿。残缣断简研摩细，合璧联珠体裁良。遂使已湮得再显，果然绍远藉搜旁。两存例可援刘昫，专据事曾传马光。序以行之诗代序，惕怀殷鉴念尤长。"（图35）中国国家图书馆藏文津阁《四库全书》保留了原架、原函、原书，在子部的架子上刻着这首诗。

继四库馆臣对《永乐大典》进行大规模辑佚后，嘉庆、道光时期纂修《全唐文》及续修《大清一统志》，再次对《永乐大典》进行辑佚，这是清代官方对《永乐大典》进行的最后一次大规模辑佚。嘉庆十三年（1808），下诏于文颖馆旧址编修《全唐文》，馆臣除辑录唐代佚文外，又从《永乐大典》中辑出佚书遗篇甚多，今天可考者有

图 35
四库题诗

五十种左右，其中以徐松辑佚的《宋会要辑稿》最为著名。嘉道以后，小规模的民间辑佚活动兴起，文廷式辑录过《元高丽记事》《宋状元及第图》《中兴政要》《经世大典》等，董康辑录过《宪台通纪》，缪荃孙有《曾公遗录》《顺天府志》等。

清末民初，公共图书馆渐次兴建，图书是社会公器、归于公藏的理念日益深入人心，不少学者和学术单位对《永乐大典》的研究与搜残存佚工作成果斐然。20世纪30年代，在袁同礼、赵万里等带动下，北平图书馆在清点核对文津阁《四库全书》时，发现其中若干种《永乐大典》辑本与现存《永乐大典》原本文字有出入，并先后辑出佚书两百余种。此外又有傅增湘辑佚《西湖老人繁胜录》，王国维辑补《水经注》，唐圭璋编撰《全宋词》《全金元词》，张国淦《永乐大典方志辑本》收书九百种，栾贵明辑成《四库辑本别集拾遗》等。

以下列举辑佚的几位代表人物：

徐松（1781—1848），字星伯，直隶大兴（今北京）人，嘉庆十年（1805）进士。嘉庆十三年（1808）入《全唐文》馆，任提调总纂官，从《永乐大典》中辑出许多佚书，较为重要的有《宋会要辑稿》《中兴礼书》《续中兴礼书》《元河南志》等，都是超过百卷的大书。

《宋会要辑稿》（图 36）计三百六十六卷，是宋代几种会要的辑佚本。宋代很重视编纂会要，前后共十余次，但多未刊行。元灭南宋以后，稿本北运，成为纂修《宋史》各志的依据。因此，《宋会要辑稿》是研究宋代典章制度必备的工具书。

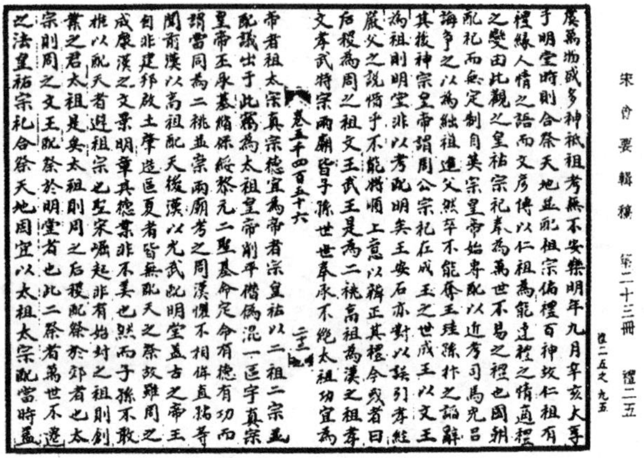
宋會要輯稿　第二十三冊　禮二五
禮二五之九五
慶萬物成多神祇祖考無不安樂明年九月辛亥大享
于明堂時則合祭天地並配祖宗備禮百神汝仁祖有
禮緣人情之語而文彥博以仁祖爲能達禮之情適禮
之變由此觀之皇祐宗祀眞爲萬世不易之禮也國朝
配祀而無定制自英宗皇帝始專配以近考司馬光呂
誨爭之以爲繼祖遵父然卒不能奪王珪孫抃之謟辭
其後神宗皇帝謂周公宗祀在成王之世成王以文王
爲祖則明堂非以考配明矣王安石亦對以誤引孝經
嚴父之說惜乎不能將順上意以矯正其禮今或者曰
后稷爲周之祖文王武王是爲二祧高祖爲漢之祖孝
文孝武特宗兩廟皆子孫世世奉承不絕太祖功宜爲
卷五千四百五十六
帝者祖太宗眞宗德宜爲帝者宗皇祐以二祖二宗並
配識出于此竊爲太祖皇帝削平僭僞混一區宇眞宗
皇帝丕承基緒綏祭元二聖基命定命有德有功而
謂當同爲二祧並崇兩廟考之周漢儻不相侔直諸等
閒前漢以高祖配天後漢以光武配明堂蓋古之帝王
自非建邦啟土肇造區夏者皆無配天之祭故雖周之
成康漢之文景明章其德業非不美也然而子孫不敢
推以配天者避祖宗也聖宋崛起非有始封之祖則創
業之君太祖是矣太祖則周之后稷配祭於郊者也太
宗則周之文王配祭於明堂者也此二祭者萬世不遷
之法皇祐宗祀合祭天地固宜以太祖太宗配當時蓋

图 36
《宋会要辑稿》

缪荃孙（1844—1919），字炎之，又字筱珊，晚号艺风老人，江苏江阴人。中国近代著名教育家、校勘学家、目录学家，中国近代图书馆事业的奠基人，也是中国国家图书馆第一任馆长。光绪二年（1876）进士，任翰林院编修，从事编撰校勘十余年，从《永乐大典》中辑出《曾公遗录》《中兴战功录》《明永乐顺天府志》《明泸州志》等书。

赵万里（1905—1980），字斐云，别署芸盦、舜盦等，浙江海宁人。著名版本目录学家。早年求学于东南大学中文系，1925 年任清华大学国学研究院助教，1928年转往北平图书馆任职，1929 年任北平图书馆中文采访组组长和善本考订组组长，支持袁同礼收集《永乐大典》的工作，想方设法搜集国内外现存的《永乐大典》。从 20 世纪 30 年代起，组织编制《永乐大典》引用书卡片索引，撰写《永乐大典内辑出之佚书目》等文章。赵万里始终把辑佚《永乐大典》视为学者义不容辞的责任，先后辑出《陈了翁年谱》《校辑宋金元人词》《薛仁贵征辽事略》《元一统志》等珍贵佚书两百余种。1965 年，他向北京图书馆捐赠两册家藏《永乐大典》。

收藏家兼学者，曾经担任中央文化部文物局局长、文化部副部长的郑振铎先生，他的研究方向主要是小说、版画、戏曲等，过去一些被认为不太入流的东西他也做研究，为我国的文化事业作出了重大贡献。郑振铎先生曾经感慨：假如《永乐大典》全部保存到现在的话，我们对于中国古文学史的面貌是可以看得更完全的。……仅仅就这百存三四的《永乐大典》来说，我们已经可以从里边得到不少珍罕而且重要的资料了。

过去我们经常说《永乐大典》是中国最早、最大的百科全书，但是现在著录的时候说它是类书，那么它到底是类书还是百科全书呢？

张忱石先生是中华书局研究《永乐大典》的一位老先生，曾经写过《〈永乐大典〉史话》，该书是最早全面介绍《永乐大典》的书。他评价：《永乐大典》是明成祖（朱棣）永乐年间编纂的一部大型百科全书……比法国狄德罗、达兰贝尔主编的百科全书和著名的《大英百科全书》都要早三百余年。同样持此说法的还有郭沫若先生。

按现在的观点，《百科全书》是由权威学者通过写词条的方式做成的，而类书是采集前人的东西，一字不差地抄录，二者有一定的区别。评价《永乐大典》是《百科全书》，包罗万象，资料丰富，是有一种自信和自豪的意味在里面。所以我们说它是《百科全书》也好，是类书也好，都没有问题，只是边界不够清晰而已。

《永乐大典》还留给我们什么呢？

中国国家图书馆古籍馆的前辈赵万里先生所作《记〈永乐大典〉内之戏曲》一文里提到了很多戏文杂剧，

过去都是不登大雅之堂的东西，但是《永乐大典》都做了收录，为我们保存下来了早期的戏曲文献。像南宋浙江一带流行南戏，比如《琵琶记》，后来别的大部分都没有流传下来，但从残存的《永乐大典》里面辑出了传世文献中不见的东西，比如《张协状元》等，为文学史增添了新的内容。所以，《永乐大典》留下来的资料是非常丰富的。

2004 年出版的《永乐大典方志辑佚》里面还辑录了失传已久的方志，共约九百种，其中宋元及以前的方志一百八十余种，明初方志七百余种。因为是明初以前的文献，记载了宋元及明初的地理方位、矿产、风土民情、名胜古迹、诗词文章等，所以对研究宋元明初的历史具有重要的价值。

妙手护宝 神韵再现

——《永乐大典》的修复保护

《永乐大典》自成书以来命运多舛，屡经浩劫，造成《永乐大典》在入藏时基本存在轻重不等的破损问题。破损类型主要是火烬、水渍、缺损、撕裂、黏结剂失效等。

20 世纪 20 年代，京师图书馆（图 37）对《永乐大典》的修复工作已开展，只是受当时人力、物力条件所限，修复仅小规模、零散地展开。1926 至 1948 年间的文献修复组善本书修复档案中，有七条《永乐大典》修复交接记录，涉及二十七册零一页，对修复的情况语焉不详。此后 30 余年则未见《永乐大典》其他修复记录。

1983 年，山东掖县发现的一册《永乐大典》入藏北京图书馆，因破损状况严重，当时北图指派修整组（2000 年后改称修复组）肖顺华师傅对该册进行了修复。

图 37
京师图书馆

2002 年，随着"中华再造善本工程"的开展，《永乐大典》的仿真复制工作开始实施。在扫描制版的过程中，发现馆藏部分《永乐大典》破损情况比较严重，如不修复，可能导致破损状况进一步恶化。由此，尽快对《永乐大典》开展大规模系统性修复变得更加迫切。

　　鉴于《永乐大典》在世界文化史上的重要地位,善本部(现古籍馆前身)先对《永乐大典》的保存状况和破损情况进行调查。

　　调查中发现,几乎所有《永乐大典》都存在不同程度的破损。其中,没有书皮的三册,有书皮但书皮脱落的六十一册,书皮残缺一半的五册,书皮纸板由于糨糊失效已完全软化的五册。另外,书口开裂的十五册,天头部分整册缺损近5厘米的一册,有人为损坏破洞的一册。被前人修复过的四十册中,有三册被全书托裱;有八册被改为线装——三册还被改装为蓝皮;十九册书皮所用丝织品材料被更换,且颜色呈暗红色;三册换成了纸质书皮(图38、图39、图40)。

图 38
换皮变更装帧

图 39
书脊破损

　　根据调研情况,修复组初拟了《永乐大典》修复方案,内容主要包括修复原则与修复细则两部分。

　　对修复《永乐大典》遵循的原则,修复组认为,除坚持"可逆性原则""可区分原则""最小干预原则"外,突出强调"整旧如旧"原则，尽量保持书的原始面貌。

"整旧如旧"作为一个原则、一种观念，在《赵城金藏》修复前的专家讨论中就已经被确立下来，但这个原则运用到修复实践中却要因人、因书而具体问题具体分析。重点是，这个"原貌"指哪个原貌？是当前修复前的样貌？还是《永乐大典》最初始的原貌？这在修复开始前必须明确，且是当时最需要明确的问题，因为这关乎确定修复工作所要达到的目标效果，选择修复所使用的材料，以及设计具体的工艺流程。

修复组的同事们仔细分析了调查结果，认为《永乐大典》虽然多有破损，也存在大量前人修复痕迹，但主体部分书册仍然保留了明代成书时的原貌，为《永乐大典》复原提供了参照。同时，在前人修复过的《永乐大典》中，有些改换了书皮，有些彻底改变了装帧，这些改变不仅会干扰后续研究，对进一步修复造成困扰，有些修复材料甚至会加剧酸化，这对《永乐大典》后续的保护和研究都是不利的，不宜继续保留。基于以上分析，修复组经过反复研究认为，《永乐大典》的修复应全面恢复原貌。

图 40
书皮脱落

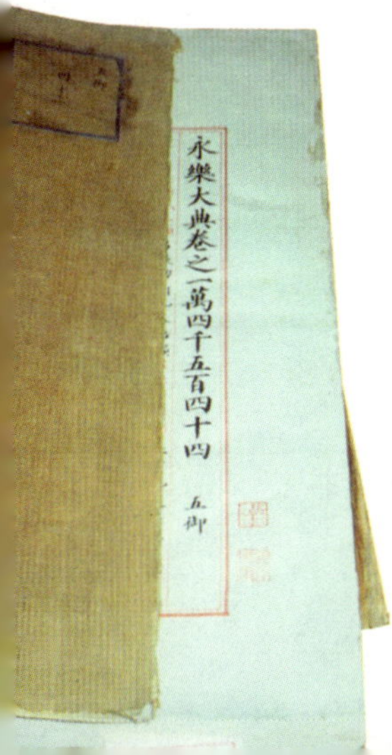

原则确立后，修复师们根据《永乐大典》各册的具体破损情况进一步制定了修复细则。修复细则主要有以下几个方面：一是书衣修复。鉴于大多数书衣为四角损坏，因此，修复书衣时不必将书衣拆开，更不能将丝织品从纸板上揭下来，只需局部将书角修补完整即可（图 41）。二是配置书皮纸板。前人修复使用的部分纸板经检测呈酸性，部分纸板发生过霉变，这种一定要进行撤换，选择 pH 酸碱度为中性的手工宣纸托裱配制。三是不拆书芯。为保持书籍原貌，能不拆掉纸捻修复的，尽量在不拆掉纸捻的情况下完成修复工作。这一原则适用于仅书皮有破损或书芯脱离的《永乐大典》。这样的书虽书皮破了，但书芯基本完好。在这种情况下，只对书皮进行修复，保留书芯的原始状态是最佳选择。四是注意保留烬余痕迹。烬余痕迹是《永乐大典》经历浩劫的标志，修复过程中要尽量保留下来。五是防止版框和栏线洇化。《永乐大典》的版框和栏线均为手绘，在修复过程中要严格控制水的用量，以防版框和栏线遇水后洇化。六是不描栏、不补字。七是注意保留书籍原有装订材料。书

图 41
书皮掏补

上旧有的装订材料，凡是没有损坏的，要继续使用不得
更换。八是对于前人修复过，但没有改变基本原始形貌，
只是在局部外观上与样本存在差异的书册，不再进行以
"复原"为目标的修复。九是对前人修复过，但已改变
原始装帧的，改回原始装帧形式。十是建立详细的修复
档案。记录修复前后的文献形态，利用现代仪器设备对
文献载体材料进行检测，以检测数据为依据制定出科学
的修复与保护方案。

　　原则和细则制定后，加上具体修复方案，修复组履
行了报批程序。得到批复后修复工作启动，但为稳妥起
见，修复师先进行了试修。试修工作由当时担任修复组
负责人的杜伟生牵头，工作开始后，修复人员开始按照
既定方案要求，甄选修复材料，设计具体工艺，并逐项
推进落实。如在书页补纸的选择上，经报请上级批准，
最终使用了馆内珍藏的乾隆高丽纸。修复组经过反复对
比，认为乾隆高丽纸作为书页补纸，从纸张的外观、老
化程度、纤维成分以及纸张强度、密度、厚度等方面都
是非常合适的。这种纸因稀缺等原因，几年前仅一张素
纸便已经达到 8 万元人民币的高价，可谓不惜血本。试
修最难找的材料是修复《永乐大典》书衣所用的手工生

丝织品，当时担任修复组负责人之一的张平骑着自行车几乎找遍了北京所有的绸布店，终于找到了当时能得到的匹配程度最高的材料。而修复所用的染料则确定全部选用高档天然颜料。为达到修复标准的要求，修复组对一些常规工艺做了必要的改进，甚至为一些流程按需开发全新的工艺。如在修复书衣时，没有把用作书衣的丝织品从纸板上揭下来，只把破损处周围掀起1厘米左右，然后用颜色近似的丝织品修补。修复书皮的纸板时，要把纸板分层揭开1厘米左右，把补纸插进，然后在补纸上再粘纸，直至补纸和纸板厚度相同为止。而修补书页则以"掏补"为主，即在不拆掉书皮和纸捻的情况下，把毛笔和补纸伸进书页中间修补书页上的破洞。选用的补纸四周用手撕出纸毛，以降低补纸和书页搭接处的厚度（图42）。压平书页时，每修补八至十页左右，就要用宣纸夹进书页之间，用压书板把书夹住，再加重物压平。

　　凭借修复人员扎实的技术功底、丰富的修复经验及其对修复原则、修复细则的正确把握，最终《永乐大典》试修顺利完成，并达到了预期的修复效果（图43）。

　　修复《永乐大典》这一专项工程能成功立项还有一个不可不说的契机。2002年4月，"《永乐大典》

图 42
书口掏补

编纂600周年国际研讨会"在中国国家图书馆成功召开，这次会议除讨论围绕《永乐大典》的学术研究外，还研讨了《永乐大典》的修复和影印出版工作。当时共有来自六个国家的八十多位代表参加了会议，研讨内容涉及《永乐大典》的各个方面，《永乐大典》的修

图 43
2003 年修复完
成的《永乐大
典》

复和保护也是其中重要的研讨内容之一。为了宣传《永乐大典》还举办了展览，并为与会代表安排了专场参观。

会议期间，中国国家图书馆就《永乐大典》的修复专门组织了专家座谈会，征询、听取业内专家的意见。座谈会主要讨论的是《永乐大典》该不该修和怎么修的问题。专家们从多个角度对《永乐大典》的保护方式进行了评议和指导，并听取了修复组关于《永乐大典》试修情况的汇报。

座谈会后，善本特藏部又为主管馆长及相关业务部门领导专门做了一次《永乐大典》试修情况汇报。领导们首先观摩了《永乐大典》试修的效果，之后由修复组对《永乐大典》的修复原则和修复方案进行了说明，并就领导关心的问题进行了解答。最后取得的一致意见是：《永乐大典》修复工作意义重大，修复前期准备工作充分，方案可行，可以并应该尽快开始。此后，善本部正式提交了《永乐大典》修复申请，并获得批准，修复工作正式立项并启动。2002 年 8 月，修复组正式开始领取藏品开展修复。

据文献修复组存"2002 年 10 月至 2003 年 4 月《永乐大典》修复档案"显示，当时修复组共有九名修复人员直接参与了《永乐大典》的修复工作。据几位老同志回忆，由于前期准备充分，修复工作总体上平稳顺利。但因《永乐大典》为宫廷藏书，开本宽大，装帧奢华，工艺复杂，为了显示皇权的至高无上，许多制作手法都是独一无二的。这也使《永乐大典》的破损情况显得更为复杂和罕见，许多问题即便是修复组那些身经百战的老师傅，在之前都是未曾遇到过的，这给修复工作提出了一些考验。

如《永乐大典》原有的书皮面板是用宣纸一层层糊制而成的，历经五百年的沧桑，有不少已经严重糟朽软化，且无法逐层分离。如采用局部修补的办法，纸板软硬不均，很难平整。因此，存在这种状况的书皮面板需要修复人员手工重新糊制。而在使用"掏补"法修复《永乐大典》书页时，由于是不拆书捻整册书页一起修，补几页就要停下来，否则破洞在相同位置的书页就会被糨糊粘在一起。这些问题无形中大幅拖慢了工作效率和速度，给修复工作如期完成造成了不小的困难。

面对压力，修复师们一方面努力进行技术挖潜，从各个环节提升工作效率；另一方面想方设法在修复室有限的空间里开辟更多的工位，以便在等待书页压平的阶段，修复人员能够继续工作。在经历了连续九个多月的紧张工作后，除三册曾被整册托裱的决定不予修复外，其余全部修复完成。

修复后，馆方对收藏《永乐大典》的书柜进行了重新配置，在财政部拨付的《敦煌遗书》专库的书柜中专门制作了三个《永乐大典》专用书柜，使原来叠放的《永乐大典》每一册占用一个抽屉，避免了书皮在取用时摩擦造成损伤。从此，这些国宝有了更好的保存环境（图44、图45）。

2018年9月，"旷世宏编 文献大成——国家图书馆藏《永乐大典》文献展"在国家典籍博物馆开展。馆里精选《永乐大典》部分珍品向读者开放展示。读者可近距离观看《永乐大典》的修复效果和保存状况——外观平整、方正，书页无明显褶皱，各处粘接位置牢固，修补材料颜色协调，质地、纹理也与原件做到了很好的匹配。事实证明，修复人员当年对于修复原则的具体运用合理恰当，选用的材料基本安全，

图 44
存放《永乐大典》的旧书橱

图 45
存放《永乐大典》的新柜

采取的各项修复措施也是长期有效的。曾参与当年修复的老同志看到展柜中自己曾经用心血延续其生命的《永乐大典》，即使时隔多年，仍然心潮澎湃，眼含热泪。

《永乐大典》修复工程巨大的宣传效应极大地提升了我国在文献修复领域的国际影响力，而在《永乐大典》得到有效保护的同时，修复队伍也得到了锻炼。

如今，中国国家图书馆文献修复在藏品修复、修复室建设、人才培养、科研创新等各个方面较之 16 年前都取得了巨大的发展。近年也相继开展了多个规格高、规模大的文献修复工程。但当年在修复工作中树立的职业风范，以及在组织管理、修复原则运用、具体工艺等方面取得的宝贵经验，对今后文献修复面向未来、继续提升，仍然有着巨大的影响。

2022 年，修复组的晚辈们在为前辈精湛的技艺和其背后所饱含的职业精神所感动的同时，在新的历史时期引入新科技的力量，续写了当年前辈们修复《永乐大典》的故事。

2021 年 6 月 17 日，中国国家图书馆与中国文物保护基金会签署协议，由"中国文保基金会字节跳动古籍保护专项基金"资助馆藏七十件珍贵典籍和特藏文献的保护修复，以及保护修复过程中的技术攻关、设备研发、专利创新工作，其中包括从加拿大回归的一册《永乐大典》。

这一册《永乐大典》的书页保存状况整体较好，局部有污渍，书角处有卷曲和磨损；绢质书衣边缘磨损严重，书脊部分几乎完全缺失，表面有污渍，纸板老化分层（图46）。因《永乐大典》需保留原装帧不拆解修复，过程较为复杂。修复组首先确定装帧细节，本册《永乐大典》书脊处磨损严重，书脊、书角等位置原装帧形式模糊不清，为保证最大程度原状复原，需要对本册书书脑、书脊等处残存装帧信息做详细调查，并结合书库中保存的已完成修复的《永乐大典》实物和保留下

图 46
从加拿大回归的《永乐大典》修复前

的相关文字及图像资料做辅助，研判本册书原装帧形式，以便最大限度保存原状。

修复师们先进行了无损检测，分析《永乐大典》的材料，并制作了一册样本模拟修复，还尽可能观摩了原装的《永乐大典》，包括金亮先生所藏的二册。在选择配制修复材料时，根据书芯用纸纤维的显微图谱与现有纸张比对，发现现存纸库中并无高匹配度纸张可用。为保证古籍安全和修复效果，最终按照检测结果自行抄造纸张用于修复工作。修复工作顺利进行的关键——实验室纸张小型抄造设备和相关技术发挥了重要作用。

之前，书衣修复材料这一最大的难题，在本次修复中得到了很好的解决。《永乐大典》书衣用绢的检测结果显示，其竖向的经丝及横向的纬丝均较粗，均为单根丝线，不存在并丝现象，且纬丝略粗于经丝，部分经纬丝粗细不均。项目组根据所得数据开展材料的仿制，成功织造出封面用绢，实现了最为理想的修复效果。修复中借助高倍放大镜等仪器设备对原件正面绢丝进行微调，毛笔蘸清水轻涂在需要调整的绢丝上，使用针锥将毛茬挑拨整齐，终于让修复效果超越了以往各次修复，展示出科学的力量（图47～图55）。

　　科技赋能，修复组成员精益求精，连续攻克技术难关，以高标准严格要求修复效果，让《永乐大典》的修复更加有效，但在修复这册《永乐大典》的一年中，修复工作受到疫情的不断挑战。在严峻的形势下，修复师相约，如果一个人病倒了，下

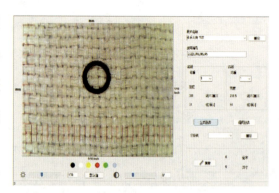

图 47
材料分析

一个还能来的要补上来继续干，不能停。即便如此，从原料、设备采购、人员到岗工作时间等各方面的困难还是始料未及。2022 年底到 2023 年初，修复人员陆续病倒，但均在康复后第一时间返岗，对修复技术和质量的要求从未轻忽，一如既往地严格。为实现《永乐大典》最佳修复效果，参与人员各司其职，反复染色并进行老化试验、制作样书模拟尝试多种修复和装帧方案，并多次集中讨论推演。特别是在对《永乐大典》书衣用绢的修复中，为追求最好的呈现效果，在对破损处进行修复时，拼接口均是在显微镜下对绢丝逐根拼对完成的，连

图 48
材料检测

续多日下来，不仅腰背颈椎疼痛难忍，眼睛同样严重疲劳，一些同志甚至出现眩晕、呕吐等症状。从病愈返岗直至基本修复完成，所有参与修复的人员始终加班加点，最终成功且高质量完成了藏品的修复工作。

在这个专项完成后，著名修复专家们受邀参与了结项鉴定，在听取汇报、观看修复成果后，专家们高度赞誉，称赞此次修复工作达到了纸本文献修复的天花板级水平。

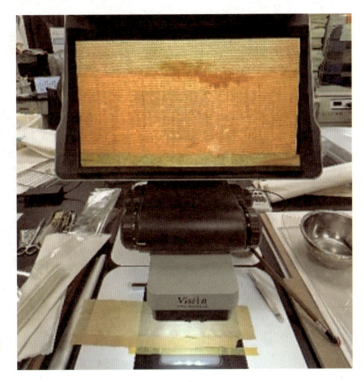

图 49
高倍放大精细
操作

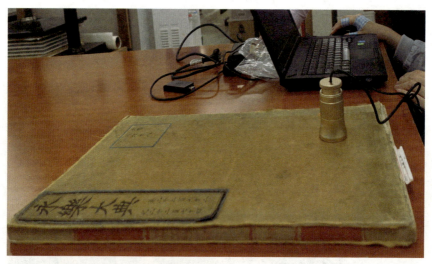

图 50　检测待修《永乐大典》封面材料

图 51　精心操作

图 52　自行制造解决材料问题

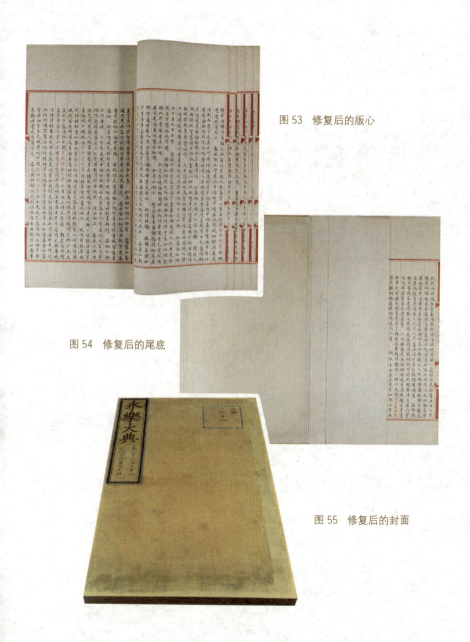

图 53　修复后的版心

图 54　修复后的尾底

图 55　修复后的封面

赓续文脉 国宝重光

——《永乐大典》的影印

　　《永乐大典》在编纂中曾经依据的七八千种古籍在兵燹火厄中凋零，其副本存世也不过百分之三四。为让秘籍重光，影印《永乐大典》的呼声由来已久。20世纪30年代，北平图书馆馆长袁同礼先生就曾经呼吁："（一）藏于国外之各卷，亟宜择要影摄，仿今西法影印，无刊刻校勘之劳，时间经济两皆省便，虽属吉光片羽，当亦为嗜古者所同珍。（二）国内公私所藏，其卷数为此篇所未及者，应怂恿公布。我国藏书家每以藏有秘本自诩，不愿公之于世，一有错失焚毁，天壤间遂不复存，其阻碍学术也何限。今宜借出影印，俾不湮没，他日次第刊行，流布海内，固艺林之快事也。国内藏书家其有意乎？"

　　中国国家图书馆研究馆员赵前先生曾经做过《永乐大典》影印出版的编年。本人征得赵前先生同意，在此分享。

　　1916年，涵芬楼主人张元济先生将自己收藏的一册《永乐大典》（卷四八五、卷四八六），作为《涵芬楼秘笈》十集中的第一种影印出版。韵目是"一东"，卷四八五内容为"忠，忠传一"，卷四八六内容为"忠，忠传二"（图56）。

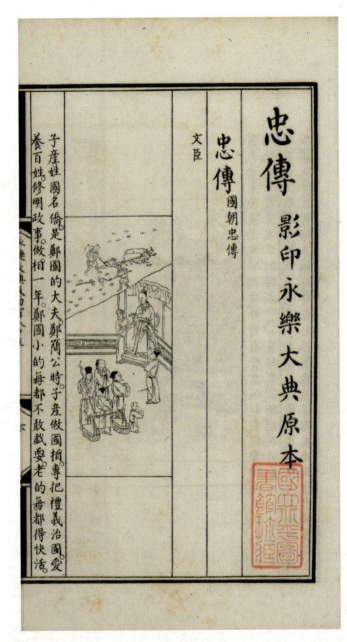

图 56 《涵芬楼笈》

1917 年，罗振玉将其从日本访得的一册《永乐大典》收入其辑成的《吉石庵丛书》（计二十七种）中影印出版。此册为卷一四六二八、卷一四六二九，韵目是"六暮"，卷一四六二八内容为"部，吏部十五 吏部条法"，卷一四六二九内容为"部，吏部十六 吏部条法"。

1926 年，著名学者、教育家、藏书家傅增湘先生将自己收藏的一册《永乐大典》（卷二六一〇、卷二六一一），按照《永乐大典》嘉靖副本原样影印出版，并在卷末的跋文中介绍了这两卷《永乐大典》的内容，评价其优劣，并说明影印原因。

1930 年（日本昭和五年），日本东洋文库将收藏的五册共十一卷《永乐大典》影印出版。这十一卷《永乐大典》从卷一九四一六至卷一九四二六。第一册：卷一九四一六、卷一九四一七，韵目为"二十二勘"，内容分别为"站，站赤一""站，站赤二"；第二册：卷一九四一八、卷一九四一九，韵目为"二十二勘"，内容分别为"站，站赤三""站，站赤四"；第三册：卷一九四二〇、卷一九四二一，韵目为"二十二勘"，内容分别为"站，站赤五""站，站赤六"；第四册：卷一九四二二、卷一九四二三，韵目为"二十二勘"，内容分别为"站，站赤七""站，站赤八"；第五册：卷一九四二四至卷一九四二六，韵目为"二十二勘"，内容分别为"站，站赤九""站，驿站一""站，驿站二"。这五册《永乐大典》在乾隆三十八年（1773）编纂《四库全书》时曾从中抄录出《丹墀独对》《经世大典》《郭昂诗》《元玄集》《云溪居士集》等。影印出版的这五册《永乐大典》是"东洋文库丛刊"第一种，由东洋文库编纂并发行。

　　1938 年（日本昭和十三年），日本东洋研究会影印出版《永乐大典》卷二六〇八、卷二六〇九。此《永乐大典》韵目为"七皆"，卷二六〇八内容为"台，御史台三"，卷二六〇九内容为"台，御史台四"。另附日本内藤湖南撰《宪台通纪考证》一书。此书是作为"东洋史研究丛刊"第三辑之一种出版的。书的装帧为线装，一函两册。

　　1939 年，北京人文科学研究所将收藏的《永乐大典》卷三五八四、卷三五八五影印出版。此册《永乐大典》的韵目是"九真"，卷三五八四内容为"尊，尊名三、事韵、诗文"，卷三五八五内容为"尊，追尊、事韵、姓氏等"。

　　1959 年，中华书局将《永乐大典》卷二三四五至卷二三四七依照嘉靖副本原样影印出版，作为向中华人民共和国成立十周年的献礼。此册《永乐大典》是苏联 1954 年归还给中国的，是 1949 年后第一次将《永乐大典》按照明嘉靖副本原貌仿真影印出版。中华书局在出版说明中称："这里单独选印一册（卷二三四五—二三四七），大小式样全照原书，让读者看到《永乐大典》内容的一斑和装帧的原来形式。"该册的韵目是"六模"，卷二三四五内容为"乌，事韵、诗文一"，卷二三四六内容为"乌，诗文二"，卷二三四七内容为"乌，义乌县等"。装帧共分三等，售价各不相同。

　　1960 年，中华书局将经过长期访查搜集到的七百三十卷《永乐大典》影印出版。这样大规模且全面系统地影印出版《永乐大典》，是《永乐大典》编纂完成以后的第一次。这次影印将《永乐大典》原书缩小为线装四开本，分装成二十函，共二百零二册，书名用红色，正文为黑色，双色套印，清晰醒目。

　　1962 年，台北世界书局影印出版七百四十二卷《永乐大典》，这是在 1960 年中华书局七百三十卷《永乐大典》影印本的基础上，另外加配我国台湾省和联邦德国收藏的十二卷《永乐大典》影印而成。世界书局影印出版的《永乐大典》，是杨家骆主编的"中国学术名著"第四辑"类书丛编"的第一集。此集还收录了《永乐大典辑略》《影印出版永乐大典存本并前编、附编、总目》《洪武正韵》《文渊阁书目》《内阁藏书目录》《四库全书辑永乐大典本书目》《永乐大典目录考》《永乐大典考证》《永乐大典存本引书详目》《永乐大典存本引得》等一百二十三卷。全集八百六十五卷，32开精装本，一百册。

1973年，日本京都大学仿真影印出版其所辖人文科学研究所藏《永乐大典》一册（卷六六五、卷六六六）。该册的韵目是"一东"，卷六六五内容为"雄，南雄府二"，卷六六六内容为"雄，南雄府三"。

1980年，上海图书馆将该馆收藏的《永乐大典》一册（卷七三二二至卷七三二四）仿真影印出版。该册的韵目是"十八阳"，卷七三二二内容为"郎，太子司议郎等"，卷七三二三内容为"郎，文林郎等"，卷七三二四内容为"郎，宣德郎等"。

1982年，中华书局又将陆续搜集到的六十七卷《永乐大典》按1960年的装帧形式套印出版，分装成两函二十册。至此，中华书局共影印出版《永乐大典》七百九十七卷，全二十二函二百二十二册。

1983年，书目文献出版社（后陆续更名北京图书馆出版社、国家图书馆出版社）将北京图书馆从山东掖县新入藏的一册《永乐大典》（卷三五一八、卷三五一九）仿真影印出版。其出版说明注明："原册全帙当为五十六页，现存三十九页零一角。过去各家均未著录。"李致忠先生为该书撰写了后记。

1985年，台北大化书局出版"重编影印"《永乐大典》，收录《永乐大典》总计七百五十二卷，并附袁同礼《〈永乐大典〉考》等六篇文章。印成16开精装本，共装十册。

1986年，为了便于读者使用，中华书局又将七百九十七卷《永乐大典》印成16开精装本，并附《永乐大典目录》六十卷，共装十册。

2003年，上海辞书出版社出版《海外新发现永乐大典十七卷》。钱仲联先生题写书名，胡道静先生撰写书序。十七卷包括：韵目"二支"，卷八〇三内容为"诗，诗话四十五"，卷八〇四内容为"诗，诗话四十六"，卷八〇五内容为"诗，诗话四十七"，卷八〇六内容为"诗，诗话四十八"；韵目"十九庚"，卷八五九六内容为"生，事韵八"；韵目"二纸"，卷一〇一一〇内容为"纸，事韵三"，卷一〇一一一内容为"纸，诗文 姓氏"，卷一〇一一二内容为"只咫 事韵、抵 抵 砥 事韵、底 事韵、厎 砥 枳 事韵、帜 疷 事韵"；韵目"一送"，卷一三二〇一内容为"用，财用"，卷一三二〇二内容为"用，事韵一"，卷一三二〇三内容为"用，事韵二"；韵目"四霁"，卷一四二一九内容为"相地十一，相龙法"，卷一四二二〇内容为"相地十二，相龙法"；韵目"九震"，卷一五九五七内容为"运，佛祖统纪 法运通塞志一"，卷一五九五八内容为"运，佛祖统纪 法运通塞志二"；韵目"一屋"，卷一九八六六内容为"竹，竹名二"。全书双色印制，16开精装本，装成一册。

2002年，在中国国家图书馆举办的"《永乐大典》编纂600周年国际研讨会"上，时任馆长、国学大师任继愈先生再次呼吁："现在，四百余册《永乐大典》残本星散于八个国家和地区的三十个单位。中国国家图书馆决定依照原书版式规格、纸张装帧，仿真再版，以推动当代学术发展，弘扬优秀传统文化，这是造福中国乃至世界学术界的大事。这一夙愿的实现尚有赖于全世界《永乐大典》收藏机构、收藏家及有识之士予以合作，大力支持。望世界各地藏书机构、收藏家，群策群力，共襄盛举，慨允借用《永乐大典》原书，提供拍照、制版之用，用后归还，使这一文化遗产重现于世，垂之永久。衷心企望海内外热心文化事业，关心人类文明的学术机构和人士，对人类文化遗产作出贡献，必将与《永乐大典》流传后世。我们也相信世界各民族通过文化合作，消除隔阂，增进共识，建立友谊，促进世界和平，开创美好的未来。"这个呼吁得到与会者的积极响应。会上还有一段插曲，在美国普林斯顿大学工作的瑞典学者艾思仁倡议全世界所有收藏机构把《永乐大典》原件归还中国，和现有的两百多册放在一起。他是一个外国人，研究中国文化很深入，版本学也做得非常好，此前在其他场合就曾呼吁过。但是原件的归还很难实现，这种美好的愿望我们至今还留存在心里，也希望什么时候这些原件能够合并在一起。

2004 年，国家图书馆出版社将中国国家图书馆、上海图书馆、四川大学博物馆、南京图书馆所藏《永乐

图 57　国家图书馆出版社影印出版的《永乐大典》

大典》一百六十三册仿真影印出版，并附索引一册。这次仿真影印出版为了保存原书的全部信息，采用先进的扫描技术制版，并依照原书的版式规格，采用特制宣纸套色印刷，黄绢硬面，包背装，力求做到装帧考究，精致典雅。此书仅印制一百五十套，全球发行（图 57）。

2013 年，国家图书馆出版社仿真影印出版美国哈佛燕京图书馆藏《永乐大典》两册（卷七七五六、卷七七五七；卷八八四一至卷八八四三）、哈佛大学图书馆藏《永乐大典》一册（卷九八一）。

2014 年，国家图书馆出版社仿真影印出版中国国家图书馆新入藏的一册《永乐大典》。此册《永乐大典》为"湖"字韵，卷二二七二至卷二二七四。同年，国家图书馆出版社又按照明嘉靖抄本仿真影印出版美国普林斯顿大学东亚图书馆葛思德文库所藏《永乐大典》两册（卷一四九四九、卷二〇三七三）。

2015 年，台北万世国际股份有限公司按照明嘉靖抄本仿真影印出版原北平图书馆寄存台北故宫博物院的六十二册《永乐大典》。同年，国家图书馆出版社仿真影印出版牛津大学博德利图书馆藏《永乐大典》十九册及德国柏林国家图书馆藏《永乐大典》一册（卷七〇七八至卷七〇八〇）。

2016 年，国家图书馆出版社仿真影印出版美国亨廷顿图书馆藏《永乐大典》一册（卷一〇二七〇、卷一〇二七一）、大英图书馆藏《永乐大典》二十四册、英国阿伯丁大学图书馆藏《永乐大典》一册（卷一一九〇七）。

2017 年，国家图书馆出版社仿真影印出版德国柏林民族学博物馆藏《永乐大典》四册（卷九〇三、卷九〇四；卷一〇三三；卷四九〇八、卷四九〇九；卷一三一八九、卷一三一九〇）、英国剑桥大学图书馆藏《永乐大典》两册（卷一六三四三、卷一六三四四；卷一九七三七至卷一九七三九）。

2019 年，国家图书馆出版社仿真影印出版日本国立国会图书馆藏《永乐大典》一册（卷二二七九至卷二二八一）、爱尔兰切斯特·比替图书馆藏《永乐大典》三册（卷八〇三至卷八〇六；卷一〇一一〇至卷一〇一一二；卷一九八六五、卷一九八六六）。金亮先生的两册也在回国后被中国国家图书馆影印。

除此之外，日本也曾影印过天理图书馆所藏的十六卷《永乐大典》。

　　据最新统计，国家图书馆出版社影印出版的《永乐大典》数量已经达到三百三十九册。

　　近期又有山东人民出版社、广西师范大学出版社等出版机构向中国国家图书馆申请出版授权，影印相关零册。中国国家图书馆和国家图书馆出版社也在继续同其他收藏机构争取《永乐大典》影印出版的授权。

科技赋能 汲古惠今

——《永乐大典》的研究、宣传、推广和利用

对《永乐大典》的研究由来已久，成果丰硕。中国国家图书馆古籍馆研究馆员刘鹏归纳自清末以来《永乐大典》研究主要有四大主题：一为综合研究，二为编纂流传研究，三为辑佚与内容研究，四为对存世文献的校勘与比较研究。

为推进新时期的研究，2021 年，"《永乐大典》研究中心"在中国国家图书馆古籍馆挂牌成立。在挂牌仪式上，与《永乐大典》及中国国家图书馆藏书有着深厚渊源的傅增湘先生文孙、国家文物鉴定委员会主任委员傅熹年先生发表讲话。讲话中傅先生满怀深情地说：

> 今天来到这里，看到展出的精美的《永乐大典》真本，不禁感慨系之。先祖傅增湘先生不仅与国图结缘很深，与《永乐大典》结缘也很深。他曾经写过一篇很长的《永乐大典跋》，详细记录、考证了《永乐大典》自明初至民国五百余年间成书、递藏与散失的过程，可以看作一篇《永乐大典小史》。根据先祖《藏园群书题记》《藏园群书经眼录》中的记载，他前后经眼《大典》不下百余册，其中有详细记录的有二十一册……他曾经收藏《大典》的"水

字韵"《水经注》四册、"台字韵"《南台备要》《乌台笔补》一册、"诗字韵"《诗话》一册（这一册后来捐赠北京图书馆），共计六册。其中"台字韵"的一册还曾经于1926年由商务印书馆京华印书局影印出版。这应该是《永乐大典》第一次原样仿真彩印，先祖在影印本题跋中称其"纸如玉版，厚若梵夹，朱墨灿然，锋颖毕存……几与原书无别"，张元济先生也曾称赞它"印本绝精"。后来甚至有书贾以其冒充原本出售，也可见制作的精美。遗憾的是，先祖前后所藏六册《大典》，五册归于国图，恰恰只有这一册流失海外，现存日本东洋文库。除了访求、收藏《大典》之外，先祖还在北平图书馆著名版本学家赵万里先生协助下，利用《大典》从事辑佚工作，作为四川人，他主编的《宋代蜀文辑存》收录了不少从《大典》中辑出的佚文。

图58
《宋代蜀文辑存》

国家图书馆是海内外收藏《永乐大典》最多的机构。在先祖收藏、保护《大典》的同时，国家图书馆及其前身京师图书馆、北平图书馆的同仁们也在行动。……百余年来，在社会各界和几代国图人的不懈努力下，通过政府拨交、海外送还、藏家捐赠、员工采访等多种途径，国家图书馆目前共收藏《永乐大典》二百二十四册，并开展了《大典》修复、影印等多项工作。

乾隆皇帝（图59）称《大典》为"万世书林之津逮"，然而《大典》的散亡便发生在乾隆以后。先祖曾感慨《大典》在晚清、民国以降保管不善，"潜移私窃，寖至销沉……令人掷笔三叹，慨愤于无穷"，这是《大典》的大不幸，更是国家的大不幸！今天，中华民族复兴在望，由国家图书馆收藏存世最多的《永乐大典》，并成立研究中心，这又是《大典》之大幸！我希望研究中心能够引领海内外收藏机构和研究者，对《永乐大典》进行全方位的研究；能够建立《大典》影像数据库，实现海外藏本数字化回归；能够推动寻找保存在海内外私人手中的《大典》原本重见天日，并回归祖国；更能够让全世界更多的人了解《大典》，并进而了解我们中国灿烂的文化，将《永乐大典》和中华文化的影响推向新的高度！

图59 乾隆帝

　　伴随着中国学术研究水平的整体进步和各类文献使用上的日益便捷，推进《永乐大典》研究可以有以下几种具体做法：一是继续访查存世《永乐大典》；二是全面梳理《永乐大典》史料；三是编辑《永乐大典》丛书；四是充分利用《永乐大典》数据库、E 考据和数字人文技术。《永乐大典》研究中心挂牌以来，正在完成和拓展相关工作。中心同仁共同努力，开展大量的基础工作，将以往《永乐大典》研究成果以索引、提要形式梳理，以为之后的研究做基础和参考；在古籍馆（《永乐大典》研究中心）主办的刊物《文津流觞》设立专栏，发布研究成果以及普及文章，完成了《清末以来（1908—2021）〈永乐大典〉研究综述》《〈永乐大典〉研究论著目录摘要》等论述。对前人的工作进行梳理，对未来的工作进行规划，新一代国图人承担起了进一步保护、研究、传承《永乐大典》的使命，相信未来一定会有更多的成果向先辈、向世人展现。

　　另外，研究中心学术支持 2021 年国家图书馆出版社《永乐大典》高清数据库建设项目在"国家古籍数字化工程专项经费资助"获得立项。为了更好地完成这一国家重点项目，国家图书馆出版社全权委托北京大学数字人文研究中心承担该项目的设计和研发,依托新的技术、新的传播手段,让《永乐大典》得到深度挖掘,更远、更广、更便捷地传播中国文化。目前第一期四十册已经提供服务。更让人欣喜的是一群既懂文献,又掌握新技术的青年才俊以知识图谱不断构建数据库,让人眼前一亮,如北京大学高树伟的"思泉"库,从目前看我个人认为是对《永乐大典》研究挖掘最好的数据库。

对《永乐大典》的宣传推广主要体现在文创、普及活动、展览、新媒体传播等路径上。

中国国家图书馆等机构制作《永乐大典》主题文创品种很多,如笔记本、明信片、挂件、抄书页等。曾经向馆内捐献一册《永乐大典》及七百一十五部善本的周叔弢先生的文孙周启群先生参加了《永乐大典》研究中心的成立仪式。在看到我们举办抄《永乐大典》,迎戊戌新年活动制作的抄书页后,他欣然撰写文章,称之为《有温度的文创》。他在文章中写道:

我手里这张《永乐大典》描字纸,以优质纸张上精细的印刷很好展现了"馨"字页的原貌。整页描字纸由朱丝版框占据主要篇幅，这种朱丝栏在原书中完全是手绘的。叶子正文除了明初典型的台阁体用红黑两色铺陈之外，还有双勾的籀文、小篆、汉隶、真书、行书、草书等若干种"馨"字的写法，并且每一种写法都注明了来源，例如隶书就有华山碑等六种，行、草则有智永和张旭，今天无论是书法初学者还是有一定基础的爱好者，看着琳琅满目的满纸汉字盛宴，有谁能不心生欢喜呢，而有一定书法知识的人又会觉得很有看头，要知道，准确摹写各种碑体并且双勾出来，在当年是多么大的挑战。

他认为这张描字纸上面更有趣的，是承载着此书流传过程的印章，这些印记展现了《永乐大典》原书的沧桑历程。

他深情地说："《永乐大典》因与我的先祖周叔弢先生有着密切联系，也是这件文创引起我格外感兴趣的原因，1951 年祖父将所藏一册《永乐大典》捐赠国家，在捐赠信中他提到要'珠还合浦 化私为公'。2021 年 5 月 31 日，中国国家图书馆以'珠还

合浦 历劫重光'为主题，举办了《永乐大典》回归和再造展览暨《永乐大典》研究中心揭牌仪式，《永乐大典》的保护修复和整理出版更是列入了国家文旅部'十四五'发展规划当中。一件小小的文创，背后竟然关联着这样深厚的文化积淀和发展重任。"

他还指出，一件好的文创产品，一定是先有"文"，才能"创"。《永乐大典》描字纸，就是这样一件有温度的文创产品。这篇文章发表在古籍馆编的《文津流觞》集刊上。

而曾经原样复制的一页纪念品则触动着柴剑虹先生的浓浓乡情。2013 年，从加拿大回归的一册《永乐大典》入藏时，我们曾制作卷二二六四"六模·湖·西湖"首页，作为纪念。这页所抄录者有唐白居易咏西湖诗七首。起首《湖上春行》诗云："孤山寺北古亭西，水面初平云脚低。几处早莺争暖曙，谁家新燕啄春泥。乱花渐欲迷人眼，浅草才能没马蹄。最恨湖东行不足，绿杨阴里白沙堤。"而白沙堤正是柴先生祖居所在。一页高仿的纪念品，唤起先生浓浓的乡情。

展览一直是中国国家图书馆宣传这部旷世巨著的方式。通过举办专题展宣传《永乐大典》，宣传中华优秀传统文化，从 1951 年至今已经至少五次了，分别是 1951 年、2002 年、2013 年、2018 年、2021 年，展览呈现方式越来越丰富，但是缅怀、保护和弘扬的主题一直没变。展览用文献为证，述说着《永乐大典》的前世今生，让更多的人了解当年书籍的颠沛流离、保护书籍的艰苦卓绝、寻归书籍的荡气回肠。除在本馆展览，《永乐大典》还以巡展联展等方式走到各个省市，如 2020 年到湖北武汉展览，我们特别挑选了与湖北相关的三件原件。2023 年到广西壮族自治区图书馆的两册，与南宁梧州关联，又配合当时举办的东盟文化论坛，不仅让热情的广西民众心潮澎湃，也让传统文化传播到东盟各国。一册"苏"字韵在苏州图书馆的展览吸引了无数苏州百姓，与之前的送展不同，苏州图书馆原创的展览内容梳理出苏州三十余位与《永乐大典》关联密切的人物，把《永乐大典》书、书人、书事与苏州的关联呈现得清清楚楚。

配合展览，一场场讲座、沙龙也吸引了大量听众。曾经在淮安，我以"《永乐大典》的前世今生"为题做讲座。没想到讲座迎来了五百名高中三年级的学生，在迎战高考的紧张学习中，同学们听得极其入迷，几

图 60
从蜻蜓 FM 上听
《永乐大典》
故事

百人的场地座无虚席，不少人席地而坐。乡贤丁士美与《永乐大典》的轶事让孩子们痴迷，中华优秀的传统文化也让孩子们产生了更多的自豪感。

2018 年《永乐大典》展览期间，我们推出的《永乐大典》故事，通过"蜻蜓 FM"让很多爱好者了解了这部旷世巨著（图 60）。

在 2018 年元旦，古籍馆还组织"看《永乐大典》，迎戊戌新年"的摹写活动，将存世《永乐大典》中吉祥、有趣的文字提取做描摹文创（图 61）。活动中观众排起长队，有的是一家三代携手而来，一起体验古代馆臣的抄书活动，受到人们的高度关注和普遍好评。前面提到周启群先生写的《有温度的文创》就是源于这次活动的创意。

图 61
描摹《永乐大典》活动

《永乐大典》活化利用方面，同样不乏案例。

前面提到过，1983 年进馆的那册《永乐大典》上有很多门的图样，建设国家典籍博物馆时就把里面的图案活化了。怎么活化的呢？在设计国家典籍博物馆大门的时候，馆方特别延请了国家非物质文化遗产传承人——铜雕大师朱炳仁先生。朱炳仁先生设计了好几个稿子，自己都不满意，大家也觉得体现不出特色，后来他看了这册《永乐大典》的复制件，突然间灵光一现，以书中"凌花双龟背"的图案为元素，设计了国家典籍博物馆的大门。所以，在现实生活里可以让古籍里的元素活化、落地，让古籍中的文字真的活起来（图 62、图 63）。

就近年的成果而言，2002 年，中国国家图书馆召开"《永乐大典》编纂 600 周年国际研讨会"，曾收到一批研究性文章，如《永乐大典》中的佛教文献、《永乐大典》的主题标引等，会议后编成论文集出版，给《永乐大典》的研究注入了活力。此后，《永乐大典》研究成果越来越丰富，越来越系统，涉及《永乐大典》的方方面面。目前，北京师范大学张升老师带领的团队和山东大学杜泽逊老师带领的团队都在开展《永乐

图 62
《永乐大典》中的凌花双龟背图案

图 63　国家典籍博物馆大门样式

大典》委托项目。张升老师的《永乐大典》复原项目，设计是用现存《永乐大典》复原失传的典籍；杜泽逊老师则是对《永乐大典》存卷进行综合整理研究，对《永乐大典》进行标点校勘整理。中国国家图书馆《永乐大典》研究中心则是从文献及文献研究的基础做起，同时开展相关的研究、数字化等，希望像前辈那样为书续命，给书激发出更多的活力。

总之，历经六百多年风雨沧桑，《永乐大典》正本已经杳无踪迹，嘉靖副本由成书之初的万余册流传到现在仅剩四百余册。《永乐大典》的编纂制作本身就具有民族自信、文化自信的教育意义，又是中华典籍文化聚散流变、悲欢离合的缩影，提示我们不能忘记过去。对中国的文化工作者而言，《永乐大典》不仅仅是一段陈年往事，还浸透着文化工作者的情感，承载着永不中断的中华文脉。我们期待藏有尚未出版的《永乐大典》的世界各地藏书机构、收藏家，慨允提供《永乐大典》出版，共襄盛举，进一步完成现存《永乐大典》的数字化，全面建设和深度挖掘这一宝库，使《永乐大典》这一人类文化遗产更多地重光于世，垂之永久。毕竟，保护优秀的文化遗产就是保护人类的未来。

参考文献

[1] 张忱石：《〈永乐大典〉史话》，国家图书馆出版社，2014年。

[2] 张升：《〈永乐大典〉流传与辑佚新考》，社会科学文献出版社，2019年。

[3] 中国国家图书馆编：《〈永乐大典〉编纂600周年国际研讨会论文集》，北京图书馆出版社，2003年。

[4] 赵爱学：《国家图书馆藏〈永乐大典〉的旧藏印和旧藏家》，《古籍保护研究》，2019年第1期。

[5] 赵爱学：《国图藏嘉靖本〈永乐大典〉来源考》，《文献》，2014年第3期。

原本欣赏

自本页往后为「原本欣赏」，请从末页倒序（自右往左）读起。

重辑总校官侍郎臣高撰

学士臣胡正蒙

分校官编修臣孙铤

书写儒士臣倪昌

圈点监主臣林氏表

臣箭嘉言

云。今為天慶觀鍾。郡學編鍾臨川郡學頒賜編鍾散亡無幾。張右丞澂嘗感而作詩詳見題詠。

永樂大典卷之一萬九百五十

言其石瑩徹中有觀音像寶藏之家白以裕不敢祕獻于朝〔鼇溪志拾遺〕

古器

臨川志 岐陽之鼓牛礪其角至寶涇淪於山崖墟莽間由好古者少也吾
州紙瞢古甕以牛觸岸得之或者為三代器噫世無歐陽公一其所好集
古錄將無傳歟 紙瞢大篢南撫州南鄙石師嶺下地名紙瞢建炎末村民
為陳氏牧牛觸岸壞怖而走民視之似一銅器往白陳氏陳命僕發而得
之張石丞澂時寓山訪之謂此盖古甕也耳高六寸足七寸有半身一
尺三寸五分從耳至趾適高二尺六寸腹縱徑尺有八寸橫嬴二寸歷年
久為土氣薄蝕礦炭盡去唯存精華諆公謂自劉原父先秦古器記李伯
時呂與叔考古圖趙德夫篆古金石刻吳儀圖所藏三代器未有如此之
大者〔張滄巖文集臨川磬石臨川寶應寺上弘和尚碑其跌石甚奇異扣
之琅然清韻可愛識者謂以之作磬當大佳西山蔡元定道過吾州見之
甚悅貽書晦翁託士曾景建轉致之 開元觀銅鍾開元觀銅鍾一所
鑄於永泰元年之十月而成於二年之七月用銅一千三百斤勸之者道
士張法椿而施之者則刺史李蠙而下迄八人臨川寺觀之鍾固多而銅
鍾之巨者此為最近世記此鍾者以為其金青其狀古誠百世不朽之物

天不若視覆於身旋者反復修省之意也郡縣長吏能反復修省施諸有
政使人尊仰之如景星慶雲其為瑞也不亦多乎　歷代祥瑞晉孝武帝
太元十八年臨川東興令惠欣之言縣東南溪傍有白銀木芳靈木李木
並連理宋書符瑞志宋孝武帝建三年臨川冝黃縣民田中得銅鍾七
口內史傳徽以獻建年龍見臨川郡江州刺史東海王以聞又是年白鹿
見臨川西豐縣南齊永明三年白雀見臨汝縣南齊史祥瑞志唐天寶初
臨川郡人李嘉嗣所居柱上生芝草肖天尊像太守張景佚藏拄獻之太
平廣記宋朝淳化中撫州進金谿縣生金山子一座重三百七十五兩嘉
祐七年上幸天章閣召群臣觀瑞物十三種內有金山重二十餘斤見宋
朝會要本郡有獎諭詔書石刻云郡守王公周得之臨川盞安鄉　祥符
六年撫州天慶觀修聖祖殿柱木中有文成雲物峰狀又有人像衣冠
恙具嘉定志天禧五年撫州言臨川縣有古溫泉一穴積歲煙涸今忽流
滉氏沐浴者有疾皆愈嘉定志紹興二年知郡高衛言甘露降于州之祥
符觀直為圖上之隆年錄十五年郡守晁譴之言臨川禾登九穗足為瑞
應乞宣付史館同前樂安未創邑前雲蓋鄉有楊氏得㤥石於田間灌於
溪有一道士呼曰瑞石不當用草復磨滌冝用葛布言說不見遂如其

繫陰隲劉涉撫郡人數領薦夢至官舍一吏云此陰府也閱籍汝本有微
祿而陰德虧不可復望矣涉詰之吏云汝弟官通莫償汝有餘不少助致
懼罪死若曰涉與弟異財彼不自保吾何罪吏曰路人猶相恤何況同氣
獨不聞鄉人朱軾事耶涉覺而詢之其鄰朱氏家敎小學歲暮縂得束
脩三縚歸道一刑餘悲甚叩之則曰負常平錢兩貫伍伯無以償惟有
自盡耳軾較其數遺之人無知者其後遂大事此雖慧闇繫陰隲夢五
言七言詩慶元乙卯長沙鍾公震赴南宮道經臨川謁王荆國默然有
禱焉夜夢公敎以詩五言起七言結覺來惟追誦一聯云君今如鴻鵠萬
里去勇次明年登第刻石以傳大公祠有石刻李洞鄰度支極晚好方
士客有李洞上謁嗜酒一日乘醉求臥授珊瑚桃碎之公不悅翌日復至
索破桃粘以膠復完如故又索酒公令獨酌洞曰有客無主何以酒爲強
公飲不覺竟日夜博未嘗益高酌之不竭夜分乃去明日酒甕不動而自
公索開洞躍入不見畫亦不存後二年公卒洞至公影堂指公像曰向時
謁者三巳惟之洞復來邀同遊曹黃二山公不欲往洞於照壁畫樓閣此
招公同遊今乃爾耶咄咄不巳公之子不能堪聞于官技之失洞所在惟
見公庭古桐流血若受杖者　祥瑞易曰視履考祥旋元吉蓋考祥於

一旦於北市見尹之夫婦唱江南詞丐於道相見懽甚登酒樓共飲吏醉

卧尹夫婦高唱出城題道觀發後壁云主南方赤龍神尹用詩曰日月祥

閒端氣纏儂作大神儂黿端森灑風雷刀劍鋏裁成造化權肆闖中

華新禮樂靜驅胡虜罷烽煙列儂功業只如此便上三清第一天及吏醉

醒懷中得紫金十兩後人開其墓惟管蓆二爛牛肉十餘斤翰府名談作

尹曰 石神徐三誨萬撫州錄參左右有黄魯者月一告歸旬日即復至

後踰月不返三誨遣隷督之其豕云久不歸矣尋訪踰月方在深山中挾

禪遊走欲執之不能募人伏草莽間之數日乃復問其故曰山有石氏

家如玉公納我為贅留數日復逸去天得之山中如是者三後遂不復見

此山乃臨川掾石之所石氏宣山之魁神耶淳熙志巨人跡撫州村落間

一夕雷雨民聞空中數百人同時大笑明日大木一本連根皆拔出旁泥

中印巨人跡長三尺闊稱之疑有神扳本過滑而麋故衆笑之 撫客告

身纓夫人羅刑書春伯之母紹興五年夢春伯之柔轎還鄉而衣裳服方大

駭而從者持一合來啓之得撫客告身一軸春伯易公堂出見客母大喜

問人日尚書今轉何官曰樞密相公也覺求以告家人喜懼居半至六月

壽皇遺詔至始驗衰之兆兩月入樞密府未幾薨悉符所夢 苔財闕

圍郡舊有金祝園晏同州詩臨川樓上桃園中十五年前此會同一曲清

歌滿樽酒人生何豪不相逢

荆公祠堂荆公過山即事詩鹽步庭闈眼欲穿之句墨龍韓子蒼雜記云

黑龍在大成殿前池中忽時水黑有物出鳴蜥謂之黑龍此物每見士之

試于有司者得人必多卒以此爲驗咸平間御史黃公符詩云往往吐烏

雲依依如皂蓋臨川志謝康樂繡經臺在郡城北四里寶應寺宋書云謝

靈運爲臨川內史時於此繡譯涅槃經因以爲號大曆己酉顏魯公爲之

記咸平壬寅重刻見集文元一統志王荆公詩有云內史文章只廢臺謂此是

也寶應白鹿泉在郡城寶應寺之經藏院世傳靈運翻經時有白鹿蹄地

泉湧遂成一井中間澄淡陸公游持節之日復浚治之其泉澄澈甘寒此

他水味尤勝　唐戒壇在郡城寶應寺之戒壇院宋踵唐制歲以聖節開

場爲沙彌度二百五十戒神部給牒凡天下壇七十有二惟此壇尚唐舊

址顏魯公記猶存見集　神怵凡山川幽阻則多詭異所謂山林神奸也

臨汝地平衍氣明秀故其事不多見傳奇志怪無補於世存而勿論可也

赤龍神尹用不知何許人出語輕狂人呼尹風子唐天祐中至撫州

有村民斃一牛犢尹夫婦得肉十餘斤頒食之而卒吏以管蓆瘞於路左

天诱良孙接踵来万屋尚歌馀泽在一轩还向旧堂开所谓名郎措愧之

祖水部也水部当太宗时尝通判此州下云良孙则措愧恭轩陈轼字

君式居於抚州黄土桥荆公有陈君式大夫恭轩诗曾子固亦为赋诗束

坡名其圃曰中隐堂曰老圃公诗云恭轩静对此堂深新斸檀栾一畝阴

膝下往来前日事眼前封殖去年心陈手植绿竹一丛於所居侧四时葱

蒨後其子开一轩对之命曰恭智王鲁公凡弟来归里闻火游息赏玩而

去篠龙轩在正觉寺下荆公题正觉相上人篠龙轩诗云风王萧萧数

畆秋篠龙名为道人留不湏乞米供高士但与开轩作胜遊此地七贤谁

笑傲何时六逸自麇酬侯华袁境心无著尚有家风似子猷又诗云北轩

名字经平子受此吾能为赋诗山雨江风一披拂篠龙还自有吟时 **方典**

前人所为秋蔡斋者老屋数椽人跡罕至叹曰是室之陋非子之拙则孰

膝览拙斋郡守赵景明建朱元晦记云便坐之北循庑而西入丛竹间得

宜居之乃更其榜曰拙斋抑尝闻之天下之事不可胜穷其理则一而已

矣君子之学所以穷是理而守之也其穷之也欲其通於一其守之也欲

其安以固也是以近於拙盖无所用其巧智之私而惟理之

从极其言则正其谊不谋其利明其道不计其功是亦拙而已矣 金桃

祥故宅有塑像在焉宋淳化中郛人蔡爲善作記云祥撫州臨川人考晉

書祥乃琅琊臨沂人今臨沂亦有卧氷池陳后山叢談云世談祥卧氷求

魚以養母至今沂水歲寒氷厚獨祥卧處闕而不合二說疑信相傳或謂

祥避地廬江時曾經此因成遺跡故張右丞詩有雖贗猶堪貴前賢况可

師之句元一統志祥雕母朱氏常欲生魚時天寒氷凍祥解衣將剖氷求
之水忽自解雙鯉躍出持之而歸初不言池及卧臭扣必臨川舊亦有水

洋之異賢者所至有益於風教如此 輿地紀勝茂峯書堂李石林謫臨川

嘗營茂峯書堂李注荆公閒居遣興詩慘慘陰綠樹窨荒城高處閒柴

門之司有云此必未去臨川時作公平尚少必公故居在一城之最高處
與余茂峯書堂相近

忠孝堂在郡治繪王太傳祥頍魯公像于中郡有

王祥扣氷池故也 魯公堂頍真卿爲撫州刺史故祠之 見山閣在通
判廳王荆公見山閣記通判撫州太常博士施侯爲閣於其舍 原缺偏既

成興客升以飲而爲之名曰見山閣 清風閣在州宅介甫詩飛甍孤起
下州墻勝勢峥嶸壓四方遠引江山未控帶平看鷹隼去飛翔萬蟬感耳

何妨靜默日焦心不廢京况是使君無一事日陪賓從此傾觴 思軒臨
汝志云軒在撫州倅治倅林愒所立荆公寄題思軒詩名郛此地昔徘徊

樂於此州人士女瑩其安且治而人得遊觀之美亦將同其樂也故予爲

之記其成也主介甫詩云君作新臺歲峴山羊公千載得追攀歌鐘隱地釜

臨處花木移春指顧間城似大隄來宛宛溪如清漢落潒時平不比征

吳日護帶先宜問此閩臨川志政和初郡守秋公明遠萬雨新之謝溪

堂記名公多曾題見集詠　景定蔡亥郡守家戶部坤翁重修有記見

集文青雲亭在郡城南縣學之東舊在青雲第一峯上山川城郭一覽而

盡宋張即之書五大字曰青雲第一峯其西北爲縣學元一統志乃郡城

五峯結頂處矗然獨立上有此亭宋時邑令趙必㠋以爲名咸淳六年郡

守繆元德璪以欄檻玉茗亭以花得名在郡治東舊傳有山茶一本泉云

自革前代名人多賦詠之其花蘩麗白如積雪五瓣黃心綠萼每歲正月

末開花清香馥郁其葉青翠經冬不落或云宛若瓊花差大僩又台土祠

亦有此花傳者以爲揚州瓊花撫州玉茗近因吳燮遂枯　法眼泉在

天寧寺寢堂下本法眼禪師道場　龍會山在郡西四十里雙峯䇂立山

上有曾真君仙壇中有四穴如馬跡泉故老相傳

雙峯其一高者爲陽迤邐而南五里有溫湯其一抵者爲陰迤邐而北五

里有冷水四時不竭　卧水池玉祥卧水池在郡城東孝義寺俗傳寺本

治撫州之二年因城之東隅作臺以遊而命之曰擬峴臺歎與其屬與州
之寄客者遊而間獨求記於豫初州之東城因大丘其隍因大溪其隅
因害土以出溪上其外連山高陵野林荒墟遠近高下珏大宏間壯奇可
喜之觀環視之東南者可坐而見也然而陰澤潦跌蓋藏委橐於橋藪蒂
草之間未有即而安之者也君得之而喜增覽其土易其破缺去其燥與草
發其元夫蘇以橫櫪霞以高甍因而為臺以脫埃氛絕煩囂出雲氣而臨
風雨然後溪之平沙漫流微風遠鶩與夫波汹濆破山拔木之奔故至
於高桅勁檝沙禽水歔下上而浮沈者皆出乎衽席之下山之蒼顏秀色
巔崖拔出挾光景而薄星辰至於平岡長陸虎豹踞而龍蛇走與夫荒墟
聚落樹陰晦曖遊人行旅隱見而斷續者皆出乎社席之內若夫雲煙開
散日光出沒四時朝暮雨暘明晦變化之不同則雖覽之不厭而雖有智
者亦不能窮其狀也或歌者激烈或觀微委惶倚徙則得
於耳目與得之於心者雖所寓之樂有殊而亦各適其適也撫非通道故
貴人蓄賈之游不至多良田疏水早螟螽之菑少其民樂於耕桑以自足
故牛馬之牧於山谷者不奴五穀之積於郊野者不壞而晏然不知搢鼓
之警發召之俟也君既因其土俗而治以簡靜故得以休其暇日而寓其

曰郡守多遊於此用立亭曰葉莫亭墨池之上今為州學舍曾鞏有墨池記

臨川志後燬于兵冦　元一統志旁臨溪持撓曾皐唐末以其地

為大夫子廟宋以為學內有墨池朱井存焉今府學是也洗墨池在郡學右軍

成段前嘉定圖志云羲之嘗慕張芝臨池學書池水盡黑今郡學方右軍

故宅以其嘗於此學書故有墨池曾南豐先生為之記典地紀勝荊公送

劉和甫奉使江南詩為我鄉尋逸少池公卿里故云為我　方輿勝覽載

按王君書右軍墨池以揭之此為其故迹嘗然耶咸平間御史黃公簹

詩往往此為雲依依如是　臨川志謝幼槃詩云張芝學書池水黑章

草如芝古無敵右軍押睨難抗衡恨不臨池作書辟許見集詠紫微韓

公駒雜抄云忽時水墨漸有物如蝘蜓之狀隱然自水底而出謂之

墨龍士之試于有司者每謂此物理則得八多往往皆鑒淨照甲午墨池

現明年禪文恭公盆大廷見重修貢院記又見集文

面對靈谷諸峯正接巽江之水即所謂汝水也嘉祐間郡守裴公材用其

高阜而築此臺曾南豐為之記曰以山溪之形勝擬乎峴山也故曰擬峴

國朝葉指揮守禦是邦修築城池以擬峴臺正當郡城之東南從新創造棟

宇雄偉為一城之壯觀方輿勝覽曾子固記尚書司門員外郎晉國裴君

以洞心骇目而發揮斯文者况名賢之奥遊仙釋之與居僸仰之間已為

塵迹又安可不搜覽而備錄之石所以名其義不傳舊詩有云羊角山

高吹畫角虎頭洲畔鈞臺醮蕉樓實臨其上紹興中太守王公矩立小

亭以覆之復從而為之詩曰羊角洞開甌浩蕩盖紀其實歲月久弗治矣

礌埃塩花塞其上景定癸亥邵守家編修徹其舊克而大之統以嚙欄以

石劍亭三楹以嚴冀其氣象煥然一新重修記見集文元一統志石

高三尺餘周廻丈餘平池突出形如羊角山郡人和云青城山有青石

恩閣有灸書而入肯石復令持書人亦亡所在羊脚石一名羊尾在郡城

東北隅蓮花寺門閬下寺廢其石横出猶可觀舊志云形如羊脚唐末剌

史危全諷嘗遣人鋤觀石熱如火人不可近遂止又云舊有壁記宋守家

坤翁云羊脚石與羊脚石同一地脉郡治高為陽故羊角出為寺之地為

陰故羊脚見為元一統志地上長三尺王右軍故宅在郡治東三里按荀伯

子臨川記王羲之嘗為臨川内史賞宅於郡城東角名曰新城方古龍

興觀地也天復初剌史危全諷立文宣王廟于上今為郡學郡縣志城東

有地隱然而高以臨于溪曰新城新城之上有池窐然而方曰羲之墨池

義之嘗慕張芝臨池學書池水盡黑今猶存其地夾壇山川如畫每重陽

堂合食郡守秋芳樓公治以雜糅名其坊元一統志翠慊管絃三市晚畫

堂煙雨五峯秋出曾開詩集云

古跡

撫州府志五峯即五老峯在郡城之南舊城因峯築基今城毀而峯猶

存東南一峯最高名青雲第一峯又挾州城地脉自青雲峯逶迤峯蕭家

嶺盧步嶺天慶嶺逶迤而北爲府治此亦謂五峯是五老峯爲府治之案

山也後所稱五峯則府治之地脉　五峯堂在郡治西南前對城上五老

峯下俯城市間之五峯寺觀塔廟重樓疊閣井屋闌闠林木森錯蔚然在

目爲郡城遊覽之地昔魯南豐有詩曰翠幕管絃三市晚畫堂煙雨五峯

秋堂久已燬今爲公館近於堂構小亭　橫秋閣在郡治之西一名清虛

大順元年兔全諷立其後景碑石甃砌若堂其上爲雨軒西抱銅陵翠幕

巴山華蓋諸峯歲久間壞全尚存其遺基　羊角石山在郡治熊樓前嘉

定圖志云昔人有自蜀青城來者扣石暫爲開邪人遂指爲仙家

嚴穴因名羊角洞天秘丞林史君嗜奇懼嘗命工摇之未數尺而大風起

遂止今創亭四慨以覆其上　臨川志昔人固有周蔣歷覽收拾古今之絶

蹤偉觀以爲文章者矢臨汝之上壤地雖偏豈無古今所存勝絶之處可

里。地參閩蜑人本輕清攏載之集臨川志鄉賢謝無逸之說曰臨川之俗
風流儒雅其民樂讀書而好文詞或鄙以揚州疑之曰江南之氣燥勁歟
性輕揚二說並馳吾請以是邦之先賢而訂之樂晏王曾陸五氏謂之曰
儒雅日樂讀書好文詞則有之矣謂之曰輕揚燥勁其然豈其然乎吳中
之俗君子尚禮庸庶淳庵故風俗澄清而道教隆洽豫章之俗頗類吳中
其君子善居室小人勤稼穡謝溪堂在日奧鄉里諸君子也予為令臨川愛其山川風
古人寬厚一事而退而錄于冊號寬且序之曰口談寬厚而心實刻薄
在外寬厚而居家刻薄非所敢望於諸君子也予每月一集各舉
俗之微又曰臨川之民秀而能文剛而不屈黃鬼齋誌黃仲修墓及諭俗
大。金谿青田陸氏來自吳郡其四世曰賀字道卿篤於義方酌先儒冠昏
喪祭之禮行於家家道之整著聞州里生六子以子貴贈宣教郎素無田
疏哇不盈十畝而食指千餘長九恩總家務次九釱治藥蓼次九皋授徒
家塾以束脩之餽補不足牽其弟九韶九齡九淵相與講學彬彬乎儒門
也淳祐二年州縣以其事聞給勒牒有曰金谿青田陸氏代有名儒德
在諴典聚族踰三千指合爨將二百年異時流別籍之私存學者齊家之
道奉勑宜賜旌表門閭盂氏目澶淵徙居臨川世雍睦為義居賔義田同

風俗

撫州府志 撫州之境山川清麗其俗風流儒雅道教隆洽地之肥磽不等

其民勤於耕桑以自足其士樂讀書好文詞尚氣節畏清議淳信厚其

天性則然名儒輩公彬彬輩出牛羊牧於山谷者不收五穀蒲於郊野者

不垣晏然不知抱鼓之警也 郡縣志臨川俗同豫章魯輩擬峴臺記云撫

非通道故貴人蓄賈之遊不至多長田故水旱螟蟲之菑少謝無逸臨川

集云臨川在江西雖小邦然瀕汝水為城而靈谷銅陵諸峯環列如屏嶂

四顧可挹昔有王右軍謝康樂顏魯公之為太守故其俗風流儒雅喜事

而尚氣有晏元獻王文公之為鄉人皆知尊禮搢紳輿地紀勝撫震撝賢

朝辛附癸 荊臨川志云中和五年刺史危全諷始遷今治麾震撝朝辛

盛多亦異他邦周益公進士題辭曰此邦非特地大人應冠晃一路高人

附癸元獻之進賢好善王文公之文學行誼曾南豐之主盟斯文汪公革

若晏元獻臨川城中有五峯三市五峯或謂即青雲巔逍巔麤步蘭家

以奇材冠南省陳公恕以拔援遜大總宰後來所當思齊者五峯三市臨

川志云臨川城中有五峯三市五峯或謂即青雲巔逍巔麤步蘭家

瀟與夫慶嶺而五分竹南州業簡文帝與蕭臨川書應分竹南州剖符千

記象山陸文安公又為李尉曼卿書匾　樂安縣諸寨兵教塲在縣之東

尉司方手教塲在尉廳之北　迦鋪內地無烽燧而有斥堠置郵傳命取

其速也抱鼓不鳴赤白囊不馳四境晏然無事惟傳布寬大詔書不其幸

歟本州為四達之衢鋪凡二十有九兵級凡三百三十有八條列于后

東路十二鋪　精橋六人　湧橋六人　延橋六人　坪塘十三人　楊梅塘六

人。越塘十三人。墓岡六人。長林十三人。鐵坑六人。小粟十三人。七節橋六

人。白竿十三人。南路四鋪　二十五里。十四人磚礩十四人基橋十四人

界山十四人西路八鋪　城下三十一人西津六人北路五鋪　赤塘十四

人。樟源十三人。嶺下六人。坎頭十三人。楊塘六人。石井十七人。戰坪六

人。塘門十四人青遠十四人吳家市十四人壕塘十四人斥堠月粮米一

石六斗料錢三百八十文食錢一貫五百大春衣絹二足錢一貫三百二

十文冬衣絹二足綿十兩錢一貫三百二十文步遞月粮米一石五斗料

錢三百八十文春衣絹二足錢一貫三百二十文冬衣絹二足綿十兩錢

一貫三百二十文急遞月粮米一石二斗料錢二百八十文春衣絹二

斗料食錢一貫九百五十文冬春冬衣絹各一足錢各三百二十文

守黄公炳荆罝兵额一百十七人月粮米一石二斗钱三百文春衣绢二
足钱一贯一百七十文冬衣绢二足紬半足绵十两钱八百五十文杯山
寨在乐安界上绍兴二十五年罝以新塗乐安豊城巡檢為名兵额一百
人月粮料钱春冬衣係本州興隆興臨江三郡輸支盧溪寨在建昌軍境

本州金谿有公事則牒追捕兵额〔原缺〕

兵鄧傳二社屬金谿縣。南渡初密院張公慈請募民願什伍以扰
吳公願浩為江淮制使仍請立社得旨令密院下路諸師臣俾州邑部伍
民兵防拓命下金谿有鄧傳二社應命社首名寰傳社首名安清守勇
而妖義嚴家財以給鄉丁王世雄犯郡城二社率所部赴援敗之于南湖
雨家子孫世襲其職紹定庚寅有驅冠功開慶己未原缺透渡哨至豫章
之境破臨瑞二郡吾州瀕洞撤二社来衛城民心乃安。州教場。都教
場在進賢門内都倉南内有閱武亭。縣教場在州治門内之西。小教
場在兵馬司後今廢。此駐大兵教場元在逍遙嶺之南今廢為民居俗
循呼為南管。縣教場。臨川縣附州崇仁縣教場在尉廳之東。宜黄
縣教場在縣之東。顯陽寺後其地久為民居所侵淳祐庚戌陳尉宷鐾正
復舊立亭曰振旅。金谿縣教場在尉廳之右尊名飲歸南豊曾公為之

一石二斗春衣絹二疋錢一貫一十文省冬衣絹二疋紬半疋綿十二兩

錢八百五十文省歸正北軍淳熙改元郡守魏公汝功置驛三東驛在州

學前西驛在曹家巷北驛在州衙北分隸歸明北軍嘉定圖志紀載元

額九十二人存者僅十六余人亡矣諸縣亏手額每月廩錢不等係就

各縣支臨川縣一百十六人崇仁縣九十五人宜黃縣七十五人

金谿縣七十五人樂安縣八十人諸縣寨兵額城南寨在順化門

外五里許兵額一百人月糧米一石五斗錢三百文春衣絹二疋錢一貫

七百文冬衣絹二疋半紬半疋綿十五兩錢八百五十文樂安縣寨在縣

門之左紹興十九年荊縣時置兵額一百八人月糧米一石五斗錢三百文

春衣絹二疋錢一貫七百文冬衣絹二疋半紬半疋綿十五兩錢八百五

十文曾田寨舊在崇仁縣蘇村紹興十九年置樂安縣始徙於縣之西南

曾田市兵額一百三十八人月糧米一石五斗錢三百文春衣絹二疋錢一

貫七百文冬衣絹二疋半紬半疋綿八百五十文湖坪寨在宜

黃縣境紹定三年寇平之後郡守黃公炳胡置兵額一百五十三人月糧

米一石二斗錢三百文春衣絹二疋錢一貫一百七十文冬衣絹二疋紬

半疋綿十兩錢八百五十文招攜寨在樂安縣境紹定三年寇平之後郡

名節營在州西南額四百一十人將校月糧米一石八斗料錢春冬衣

不等兵級月糧米一石二斗錢二百四十五文春冬衣各絹二疋錢一貫

二百八文壯城指揮續置無營寨兵級額一百八人月糧米一石二斗料錢無春衣絹二疋錢一貫十文冬衣絹二疋紬半疋綿十二兩錢八百五

十文寧節指揮以處揀汰養老將校無營寨亦無額本州舊有駐泊營三

其二在州南其一在州西屯駐營四並在州西南保節營二並在州南水

軍營二並在州城營四並在州南其後廢獨牢城併兩為一

馬旗軍寨在州東北舊水軍營前見管一百四十八人將校月糧米九斗料錢

添支錢米並不等兵級月糧米九斗料錢六貫省馬伍十六疋月請穀一

石五斗春衣絹二疋錢一貫七百文冬衣絹二疋紬二丈綿十

五兩錢八百五十文步旗軍寨在州北教場後見管二百一十八人將校月糧米一石五

斗料錢添支月糧米一石五斗料錢二百五十文春衣絹二

足錢一貫七百文冬衣絹二疋紬二丈綿十五兩錢八百五十文兵級月糧米一石五

一疋月請穀一石五斗右馬步旗軍兩寨紹定庚寅郡守黃公炳創置馬

作院軍匠額三十八月糧米一石二斗春衣絹二疋錢一貫十文省冬衣絹二疋紬半疋綿十二兩錢八百五十文敲角匠額三十八月糧米

兵防

临川志易戒不虞书称有备兵不可去也尚矣抚在东南为乐土非险要
之地故无重屯旧籍忠节武雄两指挥曰禁军劲勇壮城牢城三指挥曰厢军
其创招为步旗军则自绍定庚寅始此外则尉巡弓手寨兵耳列营以居之
拍试以训之衣粮以廪给之总统各有官而入置路将为守臣节制体统
正事权一气色精明保障千里莊矢哉节制事始初置旗军郡实总之以
郡境接广昌雩都时有寇警不可无以弹压淳祐八年太守赵公特奥上其事
于朝被旨劄下並听守臣节制是年四月始以节制军马系衔兵官详见职
守条州兵忠节第二十六指挥营在西南额四百一十八将校月粮米料钱
春冬衣不等兵级月粮米一石二斗钱三百文春衣绢二足钱一贯七百文冬衣
绢二足半䌷半足绵十五两钱八百五十文武雄第十四指挥营在州西南
额五百一十八将校月粮米料钱春冬衣不等兵级月粮米一石五斗钱
二百五十文春衣绢二足钱一贯七百文冬衣绢二足半䌷半足绵十五
两钱八百五十文劲勇第九指挥营在州西南额四百一十八将校月粮
米一石料钱春冬衣不等兵级月粮米一石二斗料钱无春衣绢二足钱
一贯五十文冬衣绢二足䌷半足绵十二两钱八百五十文牢城第四指挥又

道紀司都紀從九品副都紀未入流陰陽學正術從九品醫學正科從九

品永豐倉大使從九品副使未入流稅課司大使從九品臨川迆運所大

使未入流富有庫

守禦千戶所 千戶三員 百戶三十員 鎮撫四員 吏目一員臨川

志州中文武五邑令佐率循舊制未之有攺惟添差通判教授主學副都

監剘創自近歲 郡官知軍州事一員兼管內勸農營田事淳祐八年三

月准樞家院劄子以節制軍馬繫銜 通判軍州事一員兼管內勸農營

田事諸州置通判自建隆四年始 添差通判軍州事一員兼管內勸農

營田事自乾道六年單相始創後省寶慶元年宵除范計院應鈐不赴至

端平三年復置 州學教授一員 增差教授一員初政和間嘗置後省

景定三年復置經賦各一軍事判官一員 軍事推官一員 錄事參軍

一員 司理參軍一員 司法參軍一員 添差江南西

路兵馬副都監一員撫州駐劄淳祐七年憲倉兩司申請于朝乞省罷幹

辨綱馬驛程官一員監在城酒稅一員和買令省 兵馬都監一員

監押一員 添差兵馬監押一員 監在城酒稅二員 淳祐七年省罷

一員散祇候使臣二員 巡轄斥堠馬迺鋪一員係撫州建昌軍通置臨川縣

若雨暘燠寒風之時又吾君廟乂哲謀聖之時神之賜寶君之德吾民飲

食必祝斯無窮焉撫州府志社稷舊壇已在外南廂

本朝於城西郊建壇南立石主別立神牌貳以木為之臨祭時迎於壇上並

北向春秋祈報祭祀東西南北置四門皆如櫺星門之制並以朱油飾之

圍以周墻神廚宰牲房洗牲池庫房文武官致齋之室浴堂並如制仍

以重墻圍繞命僧守之臨川志州社在州西南社稷壇二風雨雷師壇三

舞以周垠為門五望視之位為屋三楹淳祐間太守萬公遜寶祐初太守

程公七龍重脩風雲雷雨山川壇一所在南關外立風雲雷雨之神木主

一山川之神木主一春秋二祭之時迎木主共壇祀之外圍以周墻東西

南北開四門其門亦如社稷之制神廚神井洗牲池庫房文武官致齋之

室並如制 無祀鬼神壇在北門外周圍以墻其南為門以北為壇別立

僧道誦經之堂及廚房宰牲之所

國朝本府 官制

知府正四品 同知正五品 通判正六品 推官正七品 經歷司經

歷正八品 知事正九品 照磨所照磨從九品 檢校未入流 司獄司司獄從

九品 儒學教授從九品 訓道于未入流 僧綱司都綱從九品 副都綱未入流

縊公死是時公年七十有七矣公歿垂三十年小人繼續任政天下日入
於弊大盜繼起天子輒出避之唐之在朝臣多畏怯觀望能居其間一恃
於其世失所而不自悔者寡矣至於世失所而不自悔者蓋未
有也至於起且仆以至於七八遂死而不自悔者則天下一人而已若公
是也臨川志至和二年太守蕭公厚載建祠于郡圃紹興初趙侯燁復新
之張南軒續記端平初郡守樓公治退祠于朝京門英澤廟之左許見郡
治亭館門二記並見集文寶應寺亦有祠臨川志王文公祠在文公坊之
臨步嶺崇寧五年郡守田公登固公舊宅瀕祠淳熙中丞相錢公象祖守
郡重修陸象山記見集文　元一統志王安石本臨川人撰紀勝云在城
内大公坊本文公舊宅也陸九淵作記元一統志顏康樂祠按勝覽云撫
州郡治舊有此祠　忠孝祠郡守張公昊立繪晉太傅王祥及唐剌史顏
魯公之像于中而祠之

壇壝

臨川志臨汝不見兵革踰三百年涵濡天休與歲俱深社稷人民與國家
同其久長崇高之壇壝峥嵘之城邑與宗社同其鞏固上后稷其歆明
德者乃所以福生民也吾民所以致敬於社稷者即所以尊君親上也乃

巖遺跡今亡有捨身石石之頂有舍利塔庵曰真牧亭曰潯浚紹定庚寅

燬于寇淳祐戊申重建　右土皇地祇廟在郡治南寶應寺側南唐保大

中郡守刁彥能重修有記至道二年邑人吳文徽感異夢而重建黃夢錫

記之後燬鼎新　交枝廟在郡城迎恩門之內世傳謂此邦土地神也郡

侯謂廟亦與其一　唐土地廟在郡城嶺扁曰唐土地廟器

械廟在郡城常清觀之西　軍山廟曹文昭公軍山廟碑云舊傳吳芮嘗

山邦人祀之蓋自此始唐開元中復見靈跡迺大建祠宇承事益虔其

攻南粤駐軍此山其將梅銷祭烏禮成若有士騎麾甲之狀爾上因號軍

廟蔓徒今其盱水之陽者南唐昇元三年之遺址也祈禳輒應元符三年

詔下封神爲嘉惠侯廟曰靈感軍山廟方輿勝覽頗曾公祠在郡圓曾子

固記云初公以忤國忠斥爲平原太守策安祿山必反爲之備祿山既舉

兵公興常山太守杲卿伐其後賊之不能直闚潼關以公興杲卿撓其勢

也在肅宗時數止言宰相不悅斥去之人爲御史唐吳所構建輒斥李輔

國遷太上皇居西宮公首率百官請問起居又輒斥代宗特與元載爭論

是非載欲有所壅蔽公極論之又輒斥楊炎盧杞既相德宗益惡公所爲

連斥之徊不滿意李希烈陷汝州杞即以公使希烈初懟其言後卒

郡人南雄守黃兗記淳祐丁巳厄于火今院復一新祠亦不廢令忠節武

雄兩營間及港東廟正覺院皆有祠祠山烈行廟在報恩禪寺之左廳郡

以雨暘禱其咎如響　五顯靈順行廟在鹽步門之內祠徽州發源五顯

王亦邦人徼福之所　英澤廟在朝京門之內初廟在樂安縣之天授鄉

靈異有記記許邑志嘉定庚辰郡守李公大原致神禱雨響邃祠馬神

有三令所祠乃介冑持劍而立者姓章諱甫累封嘉顯半濟廣利侯寶祐

戊午加封順應二字廟有紹興丙寅郡守洪公禋禱雨感應記又白玉蟾

宜祝文所紀異有石刻　蜀三王行廟在朝京門之內英澤廟側神之

姓曰張曰李曰陸顯跡于蜀之梓潼射洪二神皆職王梓潼射洪文聖武

作廟記載神嘗售馬於岳王飛露旗幟於南江之上淳祐乙巳通守趙公

烈文昭宣靈忠仁王射洪封忠聖文德靈應仁溥王梓潼射洪英顯武

貢籍司文衡淳祐戊申憲使姚公希得捐建功木飭寶祐癸丑庚使楊公

俯之竟其事春秋祀典郡主之柳州守李公景初記楊庚使給田入廟為

香大賞庚使史公緬祖復掊田及庫本钤祠收堂自鳴山亭惠行廟在今

祥符觀其君院之側神祖禪師結庵處也鄰度支諸上源義泉院額徒此

崇寧元年勒石記其事碕之下祠馬祖獲師三平和尚三像神運倉滴油

宋政和四年號顯忠廟撤蓋因龍之封并廟額以為櫚相傳爲漢顯陰侯

灌嬰也按豫章職方乘云隆興城隍神乃灌嬰高帝六年使嬰略定江南

故祀爲神臨川本豫章之境同祀顧陰宜也南唐保大十三年太守丁彥

龍立至嘉定九五修趙布憶記後重修之旗蘇縣廟在千戶所後庭神厨寧

牲旁洗牲池如制臨川志傳曰諸侯禜土令郡縣視古諸侯郡則爲侯伯

縣則爲子畢城隍土神也爲祀首外此則山川之神水旱癘疫之菑則榮

馬日月星辰之神雪霜風雨不時則禜焉雖有大功烈於民者宜在祀典

乃若用物精多而爲神民從而祀之雖典所不載苟無大害於社稷可無

元也故序次如左臨川志東嶽行廟在于城之東崇寧四年建堂殿門廊

摠三百楹神像七十四位皆以岱嶽規制爲稽具可記郡守狄公明遠立

記見集文仰山孚惠行廟其初附于興聖院內曰仰山堂紹熙甲寅墓郡

禱雨賜有應迺剙專祠慶元乙卯增闢之丙辰歲提舉王公容爲之碑櫃

密聶公嘗復應夢亦記其事淳祐丁巳厄于火今復鼎新闢將軍廟舊

來在興聖院之束偏紹興初有冦犯城神威顯著是時通守張光自外邑

牽保伍戰城下賊望塔頂有戎服而聲者訊祺如指麾狀遂懼而潰郡人

祠之益慶寺僧若慈嘗於荊門玉泉得漢壽亭侯印圖形遂摹刻諸祠下

革堂倉使范公應鈴易名班衣倉使楊公脩之易名思療倉使趙公時煥

復名光華倉使史公繩祖易名皇華五美堂倉使楊公脩之易名平

齋令復舊名曰三省寶祐三年倉使趙公時煥建扶春亭嘉定五年

倉使索公發建明遠樓淳祐五年倉使鄭公達辰建奇安亭淳祐五

年倉使鄭公達建清灰亭寶祐二年倉使楊公脩之建灌清亭寶

祐三年倉使趙公時煥建生香亭寶祐三年倉使趙公時煥建常平

幹辦廳廳在寶應寺之西茶鹽幹辦廳在寶應寺後元六祖院基

主管帳司廳廳未建見偽民居

廟祠

撫州府志三皇廟在七勝街臨川縣之西約計百餘步皆作三欞星門

內門五中為開天之殿祠三皇四神東西兩廡祠醫家之從祀後為講堂

櫺星之東有門著曰醫學內設教授廳　城隍廟在廟治之北進賢門之

右外門三間內門五間城隍殿伍間以舊神像為泥塗正中塑以粉飾之

盡以雲山前置紅漆木椅及黑漆書挾書撫州府城隍之神東西列兩廡

殿後直舍三間後殿三間廟之東西設左右二司內設三廳中一廳設三

椅並如制　臨川志神辦顓志輔德王　海隆興府城隍神唐封為輔德王

一郡守張公孝祥建傍有隙地收瘞遺骸菴以僧居守月給常平錢米寶
慶元年郡守薛公師旦以修文昌橋餘貲募治增廣之義塚淳熙中庚
使傅公洧於廣澤菴側爲之庚使王公廟間增關周以修廊中萬叢塚每
三歲或間歲則官給錢令僧取棺之無主者如釋氏法寶祐甲寅庚使
楊公修之久於其側及西塔寺之西谷剏一所昔之亭驛于今多廢幸
其名之存則其實如在夫子存告朔之餼羊殆此意也臨汝驛在正通

判衙之東舊名行衙太守賁公瑛建後用慶于城之畫錦驛添爲倅衙道
移舊名扁於此畫錦驛在城東舊名臨汝驛今萬添倅衙詳見公廨

門朝京驛在朝京門外大昌橋東太守趙公特煥建禮賓亭在迎恩
門外連樊橋東青運驛在河東
驛在東路一百零二十里文殊驛在西路六十里合同場嘗列官廨
抽分竹木場在城東隸知錄廳都酒稅務在州東南樓店務屬司戶
廳提舉寫治倉其寄治初置于洪建炎申移于表紹興四年始移吾州
權以廣壽寺爲治所二十一年劉公伯英於廣壽寶應兩寺間鼎創臺治
在州治東南地勢允奧是爲一郡之中正廳在紹興二十一年建金
廳在中門外之左惠勤堂寶慶二年舍使公彌恵重建皇華堂舊名光

西提督屬民曹　提舉司抵當庫在倉臺右即本州抵當庫舊屋為史部

始以錢本實之　臨汝書院抵當庫在感化坊之東淳祐十二年創　提

舉司濟民庫寶祐初楊公修之以本錢附臨汝書院庫寶祐二年趙公時

換別欵置屋於推官聽之南又增撥本錢稅課司在西街東雜造局在七勝

街　臨川志鰥寡孤獨廢癃殘疾耆得所民病尰矢雖慈惠及用窮易澤

及枯骨難今撫之五邑藥有司米有廩居有室而生得以養葬有家僨有

廬療有園而免得以藏仁之至義之盡矢故書惠民藥局在西街東臨

川志庚臺置以幹官主之脩令在本司發賣司几四並在城內亦有每過春

秋之交天氣蒸蓊小民易以生疾則或命官吏散施之部雖無局亦有時

而黙　延安館嘉泰中庾使張公裦置在寶應寺以養老癃癈疾者舊管

租未旱晚一千七百七十六鄉斗租錢二貫二百六十足今錢米并附入

慈幼司　慈幼院慶元間庾使梁公李珌建在城南順化門外寶田立莊

歲可活童指千數紹定間庾使魏公大有遷于豐安門外南湖之濱　居

養院在朝京門外庾臺置以養鰥寡無告者歲月未詳　安壽堂嘉泰中

庚便張公宸建于港東廟以待過客之疾病者篤妻止覺寺僧主之今廢

漏澤園在順化門外郡淳令置以瘞死無主者　廣澤廣城西城南各

永樂大典卷之萬九百五十　五

定則若平糶則入常平之輔條例于後

鬻倉臺義倉未嘉定志載逐年收歛已各不同今歲額計七千五百五

石有嚙淳祐二年聖旨提舉並以義倉常平繫衛其幹官亦以義倉繫衛

則常平義倉鬻之庾臺不鬻之郡矣平糶倉淳祐十二年郡守徐公儀

夫籍支賞義立社倉申朝省未報會使葉公夢鼎入以所籍支賞義興

郡共建平糶倉合五萬緡爲糴本收米一萬四十石名曰提舉撫州平糶

倉每歲自春迄夏旬兩發糴所以平市直也事闖于朝實祐甲寅庚使揚

修之增糴三千石其事悉隸倉司有記富有庫在府治南行用庫在西街

東臨川志軍資庫在州衙內紹興十一年張侯渙重立甲仗庫在州

衙內元符二年狄侯明遠建常平庫在州南公使錢酒庫舊在州衙

正東漢熙四年郡守趙公折酒庫於州衙西劾士庫在見山閣西架户部贍軍酒庫

閭庫在州衙門樓上西北雜務庫在州衙樓上正南

舊在州南今併入都酒務都醋庫在臨汝驛前南醋庫在奉明門內

經總制庫在東通判廳槍家錢物庫在東通判廳茶鹽錢物庫在

通判西廳本州抵當庫舊附都稅務久廢紹定中郡守黃公炳泉庚節

創于倉臺右名以修城抵當後權郡李公元錯捐廩恩市民居移就稅務

在州治之南録事廳之右廳乃慶元己未重建獄無記可考今獄廳三間
牢户七獄囚令給食省官給之日兩飯每日米二斗鹽菜錢會十四文中

半冬則目十月十五日至二月十五日給新炭凡六次其錢米並逐料申
州請給　司理院司理院在州院之南司理廳之右院刱於南唐淳熙丁

未郡守錢公象祖修之嘉定戊辰司理段宗文重建郡人鄧公非熊記獄
廳三間牢户八其囚糧新炭視州院

皖屬

撫州府志　永豐倉在十户所之左臨川志洪範八政食貨實師肯預焉

凡倉廪府庫育倉貨實師之資儲也委不記都倉在州北慶延坊面東
内分南北倉常平倉在南倉之西廣儲倉附都倉東倉在大昌橋

東近孔家渡嘉熙三年郡守江公湛易民田涸建凡八厫淳祐十一年郡
守葉公夢得增三厫治餫頻使糯米倉在州衛内東園明潤樓側西

倉在迎恩門外之西津令厫　鹽倉舊在州學南後慶紹定間寘大通倉
常平義倉平糴歲剆增價以糴歲歉

於感化坊端平慶為贍學房廊常平義倉平糶歲則增價以糴歲歉
則减價以糶此常平也伏熟則隨祖以入夏歉則發廪以濟此義倉也今有

鄧縣義倉之入自有定額若常平則未額增减每歲不同舊無定額今有

閒其放伕也將以一日必葺之義而望未者○通判廳廳在州治之東皇
祐元年建淳祐四年通判趙公宜重修見山閣嘉祐五年通判施公邈
立王荆公作記通判趙公宜遷于廳之北○思軒至和元年通判林公愷
建曾南豐作序淳祐四年通判趙公宜重建十以聲慶元三年通判周
公綸立刻益公所作十以藏于石○風月堂淳祐四年通判趙公宜重建
近民堂通判趙公宜建在見山閣下○古香亭寶慶二年通判范公茲
建泛錦亭嘉定九年通判趙公時通建添差通判廳廳在子城內州
治之東乃舊畫錦驛也嘉熙間通判薛公光始就此治事淳祐十二年通
判官廳廳在州治之東綵侍堂通判趙公渠建○志隱軒通判趙公渠建教
按應廳在州學之東今慶僦民居○增差教授應廳未建就民居○軍事
判官廳廳在州治之東○軍事推官廳廳在列官廳之右紹定壬辰蕭公
泰來重建○錄事參軍廳在子城內州治之南○州院在廳之西司理
參軍廳廳在州院之右司理院在知錄廳之南○添差江西兵馬副都監廳廳未
東○司法參軍廳在正通判廳之東○司戶參軍廳在
建寫報恩寺牮獄南斗所臨文昌所直蓋禮樂所自興刑政抑木也然
獄戶者曰民命所繫敘而志之使吾支及間眠之省明其政刑州陰州院

荆公嘗見於詩詠目昔莫名其為何義景定四年郡守家戶部翁撝易

遇卦之初六發其首見金玉臺記瀛洲在金梳園之西其景爲一郡之

勝舊有亭嘉定三年郡守林公崇舟創規摹暑具目焉記紹定元年郡守

林公辈之始柘為臺改創亭視舊規幾倍尼公槙記景定四年郡守家

戶部翁嘗發其義記之金玉臺在瀛洲亭之北金石王石丙臺在其

前寶慶元年郡守薛公師旦所建舊名繁綠至景定四年亭北郡守家戶

部坤翁重建改名金玉臺有記愛梅亭在池上舊名碧净景祐九年郡

守趙公時與改名愛梅春草亭在橫秋閣下嘉定十四年郡守留公丙

建芙蓉池亭在金梳園之南臨池嘉熙三年郡守趙公師旦郡建交花

亭舊在芙蓉池前嘉熙三年郡守趙公師旦郡建景定元年郡守朱公文炳

移置園之北兩池之間見山堂在金梳園北寶慶元年郡守薛公師旦

建名皖光景定三年郡守家戶部坤翁既改見山為五峯乃移見山舊扁

揭之堂上公廨一所在府治後同知一所在左通判一所在右

經歷及吏在府公廨一所在府治西推官知事照磨在府治東按圖可見 提刑按察分

司在府治之右 司獄司在薰樓之南公館在府治之南守禦千戶所正廳

後堂 兩廊 門屋 臨川志目長史及僚佐各有廨舍綱盤記載非

故址廢爲度閣以實戎器景定四年郡守家戶部坤翁別置庫重加補葺

扁曰明閒蓋燬諸晉志因文昌星之義有記　民爲心齋在魯公堂之後

嘉定間郡守陳公廣壽改名本惠今廢明潤閒即其故址　楚望臺在民

爲心齋之後于湖張公孝祥所創今廢明潤閣即其故址　懷謝亭在郡

之東圃紹興閒郡守張公滉改名晞顏後改爲康樂至嘉定閒郡守林公

岊改名王謝今廢糯米倉即其故址　觀風亭在懷謝亭之東政和中郡

守曾公祐立今廢熙春亭在觀風亭之南今廢　毋不敬齋在治事廳

之右嘉定閒郡守陳公廣壽改名帥車至寶慶閒郡守薛公師旦復爲名

五峯堂在治事廳前之西偏舊名遠山後見山黃公次山爲之記淳熙

三年郡守趙公燁重建後廢爲造酒庫至景定四年郡守家戶部坤翁重

加修創改今名有記　玉茗亭淳熙三年郡守趙公彥自東偏移玉茗於

見山堂之西棄高結亭扁曰玉茗亭後廢爲魏庫郡守戶部坤翁既修

見山堂陝日五峯遂重修此亭有記　橫秋閣在玉茗亭之北舊名淸虛

大順元年危全諷立宋朝康定二年郡守呂公務簡重修至崇寧五十郡

守田公登一新之其後爲榭至寶祐四年郡守謝公奕稛舊榭之址創
喜雨軒　金艳園方郡西園名南唐徐鉉李建勳宋朝黃夢錫晏元獻王

政和二年郡守彭公休築臺為堂面之檻柱刻字云玉茗花雀旦為惡本十
餘株旁近奪其地方致歲月雖久而根本不大又以其屬也花時數剪以
送遺故枝葉亦不茂因盡去群木之宮葉臺以面之壽常與客鏡之而不
剪葳蕤由此盛而不衰也其近本三枝亦余全至而生也堂於壬辰政和二
年郡守陳公廣休記紹興十二年郡守張公混以地辟室面即圃之地相
年八月晦日修川彭休記紹興十二年郡守蕭公厚載始立祠于郡之東
公晉王太傅像而龕諸左右淳熙二年郡守趙公燁改名魯公堂嘉定七
復名魯公堂有記魯公祠至和二年郡守蕭公厚載始立祠于郡之東
園南豐魯公為之記後圯嘉定十二年郡守王公松別建祠宇于公使庫之側
其高吳從置祠宇辛公道宗為之記後徙吉木亦壞老根僅存在今魯
公堂左與忠孝名堂實同其時淳熙二年郡守趙公燁因其基而新之南
軒張公為之記嘉定十二年郡守王公松別建祠宇于公使庫之側
紹定三年郡守材公孝閎遷魯公像于五峯堂越二年郡守黃公炳以祠
堂陝為公使醋庫端平二年郡守樓公治謂魯公像在堂中迫近郡正寢
議遷無其豪時黃公炳以修城浚濠之功立祠朝京門乃徙之英澤廟左
廳以祠堂奉魯公像寘有記明潤閣在魯公堂後即民為心齋楚望臺

朔十三日丙子重建至宋朝嘉祐三年郡守裴公材撤舊吏新治平二年

郡守錢公暄又增葺之南城王公無咎記紹定六年郡守黃公炳重建規

模拄在視昔益宏壯郡守李公枕記　治事廳寶慶二年郡守薛公師旦

重建規置不茍宜黃寧楊寅翁記餘見前　僉廳在治事廳之南　臺門

嘉定十五年郡守王公槐重建規置頗壯餘見前　儀門中門嘉定六年

郡守江公亮重建中門則舊規也　蕉樓在臺門之左其地則中和之

舊其屋則歲月不可考許見景定四年郡守家户部坤翁羊角山記頒

春亭在臺門前之左　宣詔亭在臺門前之右　平心堂在讌廳後嘉定

十一年郡守趙公師夏重建淳祐十二年郡守徐公霖改日思政寶祐二

年郡守程公士龍復其舊　後堂在平心堂後乃舊規也近歲嘗扁曰敬

齋扁今不復存　仁壽堂在治事廳後嘉定十六年郡守王公槐撤舊屋

鼎建寧宗皇帝賜以金畫曰仁壽堂危公積記守節軒乃平心堂後堂

之北舫齋也　紹興間郡守王公撤書立有序近嘗扁曰虛舟所扁省不

存　留客亭在舫齋後近歲嘗改名燕凝扁今不存拙齋舊名秋聲在

治事廳後令仁壽堂之西偏叢竹間淳熙二年郡守趙公燁重修易其名

曰拙齋晦庵朱公為之記今慶不存　魯公堂在讌廳左王茗舊在堂前

年改今名寶祐初提舉楊公修之於其間臺治東西立思濟坊

府治

撫州府志府治在郡城西北隅東建譙樓叄間上署撫州府牌額置銅壺
以占時刻譙鼓五面以警晨昏明更點其下中通往來兩傍甃以磚石第
二重為正門第三重為儀門甬道直入舊有戒石亭府治叄間傍兩間兩
廡設六房府治後直舍入後堂叄間耳房兩間　推官廳在府之東　經
歴司在儀門之東　臨川池州治地位崇高都山川之奇勝雄壓四野是以
自中和以來歲五百載泰山四維根基葦固宣惟規模建置皆不改其舊
當省之梁棟猶有存者其西為西圃前則郊原廣衍西南之景華馬其東
為東圃前則城市鬱蔥東北之景在焉東圃目紹定以後廢西圃則至今
無恙願相與扶植而新美之以著不動而垂無窮　設廳唐中和九年乙
巳是年四月改光啟范全諷目今城之西徙子城草創郡廨至大順元年
庚戌叄廳三廳大寢小寢始備三廳者即今臺門東向　中門儀門南向
三廳者設廳酉廳即今治事廳東廳今魯公堂三寢者今平心堂仁壽堂
見狼煙保和移州城記自唐末迄今雖婁更修其址不移又嘗重建設廳舊
脊梁刻寀友全諷自為記梓本見存乃唐天祐元年歳次甲子七月甲子

坊。至善坊。　進賢坊。　仁化坊。　四保坊。　武安坊。　雙桂坊。　義節

坊。武安街　新路巷　游巷　蓮花巷　謝家巷　鐵爐巷　野

塘巷　五福巷　陸水橋　外東廟　港東廟　外南廟　外北廟

臨川志誦曾南豐管絃三市煙雨五峯之句郡城風物之榮井邑之凡煥

然在目矣可不踈列而詳記之　招賢坊分東西占城西南隅以蔡賢良

居此而名紹定間太守樓公治爲孟氏立雍睦坊於西坊之中　仁孝坊

接招賢之北或謂因舉八行吳剛中而得名　慶延坊接仁孝坊之北由

西陸而達於北陸以省元裴煜在具慶下而得名間太守趙公煇爲

王神童克勤立瑞童坊嘉定初太守陳公蕃孫又以黃氏兄弟同年登第

立雙桂坊景定中提舉史公繩祖入爲危氏立野塘坊皆在慶延坊之中

也。　其慶坊在城東北隅以省元汪革在具慶下而名。淳祐初太守吳公

叔告爲吳榜眼文蔫立亞魁坊景定中提舉史公繩祖爲聶氏立忠義坊

又爲吳氏立清潤坊皆在具慶坊之中也。　感化坊自城上東隅而接招

賢之東或謂因王祥叩冰而名　文公坊在招賢仁孝興魯之間以王荊

國居此而名景定中提舉史公繩祖於其間爲晏氏立舊學坊　興魯坊

在慶延其慶文公三坊之間舊名臨汝以曾丞相兄弟寓此讀書紹聖元

永樂大典卷之一萬九百五十　六姥

撫

坊巷

撫州府志在城四隅坊巷街名　東隅　文昌門　迎恩坊　阜民坊

興讓坊　崇教坊　七勝街　福民街　白塔坊　威德街　大臣巷

興魯巷　黃華巷　水陸巷　雙井巷　興賢巷　木黃井巷

老龍巷　籠子巷　南禪巷　南陽里　南隅　順化門

太平街　山貨街　孝義巷　九曲巷　牛磨巷　清路巷

陶家井巷　中和巷　魚巷　構欄巷　上飯巷　續家巷　廟院前

街　西隅　武安門　感化坊　十字街　桐林嶺街　景路街

大寧福地街　威德街　新路巷　困果巷　棋子巷　董家巷　桐

林巷　捍巷　夏井巷　黃霞巷　后土巷　雲路巷　景雲巷　三原

巷　卜針巷　仁孝巷　大營巷　提舉司巷　牛皮巷　常清巷　福

神巷　蕭家嶺　豐安街　古城嶺　北隅　進賢門　通教坊　宣德

里。西南到吉州路四百五十六里。東北到饒州路四百二十四里。西北到瑞州路二百八十里。

永樂大典卷之一萬九百四十九

至潭州九十里

自楷洲市至衢州一百八十里至永州二百七十里至

全洲二百七十里至靜江府與安縣九十里至靜江府靈川縣九十里至

靜江府九十里　自本州至興國軍七百八十里至壽昌軍一百二十里

至鄂州一百二十里至岳州三百六十里至鸂池一百二十里至江陵府

公安縣一百二十里至沙市七十五里至江陵府一十五里至襄陽府三

百六十里　自本州至南安軍一千二百里至大庾嶺梅闕二十里至南

雄州七十里至韶州二百四十里至英德府二百四十里至廣州三百里

自本州至邵武軍四百里至建寧府嘉禾縣一百二十里至建寧府二

百八十里至南劍州一百八十里至福州水口鎮一百二十里至福州

安縣一百二十里至福州四十里　本州至諸縣臨川縣在郡治南二

里崇仁縣一百二十里宜黃縣一百二十里金谿縣一百二十里樂安縣

二百四十里　元一統志　北至上都五千一百四十五里　北至大

都四千三百八十五里　東至饒州路安仁縣一百二十里　西至富州

界牌六十里　南至南城縣界山七十五里　北至進賢縣界牌五十五

里　東到信州路三百八十里　西到臨江路二百八十里　南到建昌

路一百二十里　北到龍興路二百一十里　東南到邵武路六百七十

縣八十里至南安軍一百九十里。自豐城縣至瑞州一百二十里。自臨江軍至新喻縣一百二十里。至袁州分宜縣八十里。至袁州七十里。自本州至建昌軍一百二十里。它路鄰郡舊志無所紀今。許于後。自本州至信州開鵝州見趙京路自本州至饒州安仁縣一百六十里。自本州至縣一百五十里至饒州一百一十里。自本州至建昌軍一百二十里。至十里至南康軍一百八十里。諸路藩帥府府舊志無所紀今。許於後。自本州至衢州六百一十里至衢州龍游縣七十里至婺州一百一十里。自婺州義烏縣九十里至紹興府諸暨縣九十里至紹興一百二十里。自本州行在所一千八百里至嘉興府一百八十里至平江府一百八里。自本州至饒州四百二十里至饒州池州二百八十里至池州二百里至池州青陽縣七十五里至寧國府南陵縣一百三十五里至太州蕪湖縣六十里至太平州六十里至建康府一百三十五里至鎮江府一百八十里至瓜州四十五里自太平州至米石二十五里至和州六十里至廬州一百六十里。自本州至袁州五百五十里至袁州萍鄉縣一百四十里至潭州醴陵縣九十里至澶洲市九十里

界里一百四十七○東南至建昌軍界里八十九○西南至吉州界里二百四

十四○東北至饒州界里一百六十三○西北至洪州豐城界里六十三○嘉

定志東至饒州餘十縣界二百六十里西至洪州界二百一十八里南至

建昌軍界七十五里北至隆興府進賢縣界五十五里東南至建昌軍界

八十九里西南至吉州界二百四十里東北至饒州界一百六十三里

西北至隆興府豐城縣界六十里已上諸書所記蓋皆昔年之舊習今之道

里列于後○東至饒州安仁縣界一百二十里西至臨江軍新淦縣界二

十五里東南至建昌軍南城縣界九十里西南至吉州永豐縣界二百五

百一十八里南至建昌軍南城縣界七十五里北至隆興府進賢縣界五

十里東北至饒州安仁縣界一百二十里西北至隆興府豐城縣界六十

里○江西諸郡舊志無所紀今詳列于後○自本州至隆興府進賢縣一

百二十里至隆興府一百二十里○至南康軍建昌縣一百二十里至江州

德安縣一百二十里至江州六十里至興國軍一百八十里○自本州至

隆興府豐城縣一百六十里至樟樹鎮八十里至臨江軍四十里至臨江

軍新淦縣六十里至吉州吉水縣一百八十里至吉州四十里至吉州太

和縣八十里至吉州萬安縣一百里至贛州二百二十里至南安軍南康

戈陽縣為一百一十里自信州至玉山縣為九十里自玉山縣至衢州常

山縣為七十里自常山縣至衢州為七十里自衢州至嚴州壽昌縣為一

百一十里自壽昌縣至嚴州桐廬縣為一百八十里自桐廬縣至臨安府

新城縣為四十五里自新城縣至臨安府富陽縣為四十五里自富陽縣

至行在所為九十里已上條自本州陸路至行在所共為一千八十里

自衢州常山縣舟行自衢州至龍游縣為七十里自龍

游縣至嚴州蘭溪縣為九十里自蘭溪縣至嚴州為九十里自嚴州至桐

廬縣為九十里自桐廬縣至臨安府富陽縣為九十里自富陽縣至行在

所為九十里已上條自衢州常山縣舟行水路至行在所共為五百九十

里樂侍郎太平寰宇記東至饒州餘干縣三百二十里南至虔州一千

一十里西至吉州四百二十五里北至洪州一百四十里東南至建州八

百三十七里西南至吉州四百五十里西北至洪州四百五十里東北至

饒州四百二十里晏元獻公頻要東鏡二百六十里西吉二百二十八

里南建昌軍八十九里北洪一百四十七里東南吉二百四十里東北

鏡一百六十三里西北洪六十三里○南至建昌軍界里二

百六十○西至吉州界里二百一十八里○南至建昌軍界里八十九里○北至洪州

里。西北至長安三千三百五里。取隨州路二千九百二十五里。東至

饒州餘干縣三百二十里。南至虔州一千一十里。西至吉州四百二

十五里。北至洪州二百四十里。東南至建州八百三十七里。西南

至吉州四百五十里。西北至洪州四百五十里。東北至饒州四百二

十里。郡縣志南北六百三十六里。西南至吉州四百五十六里。東京一

南至建昌軍一百四十里。西南至吉州四百五十六里。北至隆興

府一百四十七里。東北至饒州四百二十四里。東南至建昌軍二百

二里。西北至隆興府二百四十里。臨川志云二百三十里。東京二百

百里曰侯服而以合方氏掌達天下之道路者繼之宣限於一郡一邑自

二里。其智歟五州四達之康莊也舊志所列方盡四境而止今則自京師而

郡自郡而路自路而天下會同漢京貫通遐邇蕃離撤八荒洞然吾儕

對之可以不出戶庭周知天下趙京之路淳熙志歷饒之安仁信之弋

陽入信州歷嚴之常山入衢州取嚴之桐廬至富陽入臨安府為一千八

十里。嘉定志自本州至行在所一千八十里已上並舊志所紀真今有

累詳列于後。自本州至饒州安仁縣為一百六十里自安仁縣至信州

撫州府志東至江西廣信府貴溪縣諸盧坊界一百八十里。西至江西
臨江府清江縣清風橋界二百一十里。南至江西建昌府南城縣界山
界八十里。北至江西南昌府進賢縣界牌界六十里。東到江西廣信
府治四百五十里。西到江西臨江府治二百八十里。南到江西建昌
府治一百二十里。北到江西南昌府治二百四十里。東南到江西建
昌府南城縣石家塘界一百七十里。西南到江西建昌府南城縣芙蓉
山界二百里。東北到江西饒州府餘干縣石坑界一百二十里。西北
到江西南昌府豐城縣楊塘界六十里。九域志東京二千七百二十里。
東至本州界二百六十里。自界首至饒州三百一十里。南至本州界二
百一十八里。自界首至吉州九域志東京二千七百二十里。西至
至建昌軍五十五里。北至本州界五十四里。自界首至洪州九十三里。
一自界首至吉州二百六十二里。東北至本州界
本州界二百四十四里。自界首至洪州一百四十七里。西南至
東南至本州界一百四十二里。自界首至建昌軍五十五里。東北至本州界
一百六十三里。自界首至龍州二百六十二里。寰宇記東西四百七十八里。南
里自界首至洪州一百五十七里。西北至東京二千一百
北六百三十七里。西北至東京二千一百五十百

井鳴山行祠相對　法眼泉三井　在報恩光孝寺一方丈一庫下一廚東廚

井有樓天禧三年進士尼吉記　泉深　汝泉井舊在孫氏園內有泉麻後廢

今園外渠上井覆以亭而易涸者非是　水陸寺前井　臣巷內井　東通

判衙前井　紫府觀門井　沙井易涸　木黃井以黃木為底今存

寶應寺前井　白鹿泉井寶應寺經藏院今在倉臺花園詳見古迹條提

牽司臺下井已上並興營坊　大小兩義井　步嶺下大者不涸小者易涸

陶家井　蕭家嶺橋北井　下井巷井　興聖寺前井　桐林嶺上井已

上並文公坊　新巷尾義井　鹹化坊上門塔下義井　八角井深七丈間一

丈石底　土地巷口井已上並招賢東縣城隍廟前井　李齊王井南營項

大卿門前深五大危王井萊營甚孟氏園內深七丈護福廢寺前井已上

並招賢西坊　石井一名危王井西街管大卿門外或有金錢上等之異寶

慶泉井西街口季通使門外陳正字巷井董提管門外泉清武雄忠節營

前井　大營巷內井　大營巷口井已上並仁孝坊　野塘巷口井易涸瑞

童坊井　西通判衙前井已上並見慶延坊已上並見郡城內丹井在硯壇

觀經藏側已上見郡城外

至到

在郡國如在郊甸處江湖如在池沼所居之地則殊所蒙之潤則一雖然

池沼之微豈足以盡聖人之仁是乃聖人仁民愛物之端也懿哉唐放

生池因汝水為之古今詩話載唐末邑州蔡大夫遷撫州刺史年月無攷

故題名不載禁汝水放生池禁採捕忽有人棄小舟乘釣其中捕之釣者

為口號云　授郡長竿捲却絲手攜簑笠賦新詩臨川太守清如鏡不是

漁人下釣時以年月無攷故郡太守題名不載天聖二年郡侯太常博士

朱正辭即即吳陵左之南塘為之今南湖是也其後復浚之置斗門以均

蓄洩之量宋朝放生池天禧初詔諸路放生池無者近城上下各五

里禁採捕天聖二年又詔本置者許濬池於附郭五里郡宇朱公正辭即

豐安門外南湖為之中廢於兵紹興中郡宇晁公諫之作芙蓉堂於湖上

乾道中郡守監公師稷重修郡人陳公攜記　今放生池在擬峴臺之前即

溪復汝水之舊也　井　巽乎水而上水為井汝水自巽來趨坎會眾

流於下高州城位平其上是以城雖盤踞丸垔地勢崇高井泉則有餘

者木上有水之理氣然也故不待斗升以汲西江而波臣之轍常潤朱

井在郡學夫子殿西廡有泉清冷卅井在天慶觀聖祖殿前臨汝驛前井

易潤臨汝驛巷口井　東津門內井　舒家井已上並貝慶坊祥符觀前

門各有樓加長五里濠深及丈者三廣則六倍有奇_{有弘祚修城記建炎}
初太守王公仲山補葺之_{紹興中張公滉重修僅存九門紹定庚寅汀邵}
寇相挺犯境_{詳見郡境事跡太守黃公炳再加浚築城之高廣如全誳弘}
祚濠之深闊則視昔不啻數倍蓋自中和以來所未有甫三十載城日就
頹圮景定癸亥太守家户部坤翁補葺城與門之壞省
九門　東朝京舊名通逺直文昌橋東南清風俗謂鹽步門乃水門卸鹽
之地王荊公舊居在焉詩有鹽步庭蘭眼欲穿之句出吳虎臣渡錄東南
奉明濠有橋東南金谿濠有橋南順化濠有橋越橋耆老相傳為胡蘆城
舊址蓋此乃郡山來脈而濠不容深故凜此以隄城西南豐安濠有橋西
迎恩濠有橋北進賢濠有橋東北安仁直束津渡已上門各有樓　子城
刺史危全諷自郡城之西隅徙於此周一里二百五十步有全諷及張
保和所為記_{詳見州治沿革門太守張公滉修之仍建門三亦各有樓太}
守家户部坤翁重修　子城三門_{子城臨川城西故無西門東承春興熙}
樓相直南通教_{以其地勢高也北望雲次其地勢高也}放生池　山川
之鳥獸魚鼈臺沼之麋鹿白鳥夏后文王壹壹區區然求以全育之天地以
其心普萬物而無心也况臨汝介居山澤間距王畿千里而近有生之類

城池

撫州府志 郡城舊宋有九門北門東津門大東門壇步門下市門上市門

南門赤南門西門前元塞壇步門止存八門

本朝只開四門東曰文昌南曰順化西曰武安北曰進賢皆重樓疊栱高廣

雄壯各門外又為外城廻護其城門上亦有樓南西北有吊橋夜則懸起朝則放下唯東門有文昌橋遂不置吊橋城下有路可馳馬臨壕環繞皆

種樹稠密城周圍一十七百九十八丈四尺梁頭二千九百七十四筒樓 臨川志郡國居內地者無敵國

鋪亭臺一百四十五座城高約二丈五尺外惠城池多廢關昔者聖人作城郭以衛民宣設險守國而已重門擊柝以待暴客蓋取諸豫近之間豈備豫之道無內外遠近之間豈備

大率必用揜方說議城築豈若清平之日先事豫防猷方盡取五邑之境古今諸城興廢之蹟廣記備錄主民社者春覽之常為謹固封守之計以通防四郊之多疊間服之目可以觀政修葺之漸以保民也 臨川

志 古城在西津外亦岡 詳見州治沿革草門 今城唐寶應間刺史王圓遷詳

見州治沿革草門至中和末刺史危全諷興築址廣三尋高兩尋長十五里二十六步有全諷修城記南唐昇元間太守周弘祚修之關之建十三門

郡地各還其舊邑州境所存者二漢兩縣之舊地及邵武而已及唐初歸邵

武于建蓋唐之季疆理遂定南唐旣以撫為軍復分南城為軍蓋濼斫巴

山郡之故智疆土則無所增孫吳初立南豐本斫南城地隋合之唐復分

之南唐以南城為軍至宋朝併以南豐割隸自是撫州之境大率多漢臨

汝縣地建昌軍之境大率漢南城縣地南度分崇仁縣及吉州地置樂

安今州境大率漢臨汝縣之舊暑禪以廬陵之餘地爾宋朝江南東西路

或分或合如前所嘗隸于邵者其名凡二十有二厥後崇仁則併巴山梁

分或合如前所列嘗隸于東西蓋亦傲於唐諸縣撮要自吳訖宋諸縣或

為邵故城已見于前西寧故城在崇仁縣南六十二里新建故城在崇仁

縣西南九十五里安浦其地後復分為樂安故城在天授鄉三十二都去

縣六十里里名安浦凡四縣臨川則併定川故城在臨川縣北五十二里

者老相傳今合新陵毋城是西豐故城在臨川縣西南五十里凡兩縣宜黃

則廢為崇仁而復置樂安則又從崇仁而分與金谿合成五今為州境興

平則併于吉後以永豐之雲即隸樂安即興平地也南城則併永城

東興兩縣與南豐俱為建昌軍境豐城則併大豐新安兩縣為隆興府境

新淦今為臨江軍境邵武則為邵武軍將樂則歸于南劍州矣

偽吳順義九年陞爲昭武軍節度寰宇記晉天福二年李昇取吳地屬南

唐五代史南唐年譜周顯德五年南唐置金谿場寰宇記宋朝乾德六年

李煜割崇仁三鄉立宜黄場寰宇記以爲縣非開寶元年煜以場爲縣宋

朝會要二年南唐以南城縣置建武軍寰宇記地不加多也當二漢時爲

縣至六朝而下遂爲郡至南唐遂析爲兩軍鎮名雖修始領縣四後爲五隷

初名爲場後皆爲縣蓋始於南唐宋朝復爲撫州初領縣四後爲五隷

江南東西路開寶八年王師下江南得郡十九改爲軍州時領縣凡四臨

川崇仁南豐宜黄晏元獻公頴要紀撫州曰龍川軍事玫之前後紀載當

無此名楊氏嘗陞爲昭武軍所謂龍川軍者莫詳其所自豈臨川說傳爲

龍川耶晏公撫州人其言必不妄矣太平興國四年改建武爲建昌軍宋

朝會要淳化二年割南豐縣隷建昌五年割金谿場置金谿縣領縣亦四

紹興十九年分崇仁縣吉州吉水縣地置樂安縣舊志云乃古之永豐云

凡五太平興國元年分江南東西路復併爲一天禧四年復分二路州隷

蓋一鄉蓋永豐縣本吉水縣地又云分臨川頴秀惠安兩鄉歸崇仁領縣

西路紹興元年以州隷東路四年復隷西路梁分臨川郡爲巴山郡嫌

其地狹自是遂割豫章廬陵之地以開廣之及隋初廢巴山自是所割兩

六年陞上州　方鎮表地理志太宗元年分天下為十道撫隸江南開元

二十一年分江南為東西置十五採訪使撫隸西道乾元元年置洪吉都

防禦團練觀察處置使領洪吉袁撫袁五州廣德二年改江南西道咸通

六年陞鎮南軍乾符元年復為江西觀察龍紀元年復為鎮南軍撫皆隸

焉　六朝所置永城東興宜黃安浦四縣至隋蓋皆乙廢至唐復置永城東

興宜黃惟安浦則未嘗復又置將樂凡領縣八尋廢永城東興宜黃將樂

又以興平歸于吉郚武歸于建所領縣惟臨川崇仁南城後祈南城為南

豐尼四縣蓋自六朝以來所領縣雖分合沿革紛然不齊然二漢南城臨

汝舊地所析置者則名殊而實不侈其自旁郡割隸者如豐城興平<small>今永</small>

興邵武將樂新淦則旋各還本矣此係地勢非但隨時之宜也地在秦隸

九江在漢為郡吳為郡皆隸揚州晉宋而下隸江州隋改郡為州隸洪

州唐為州亦嘗為郡初隸江南道後隸江南西道置洪吉防團等使則隸

洪吉置江西觀察則隸江西陞鎮南軍則隸鎮南名雖殊實則一也五代

階竊割據置昭武軍又析為建武軍唐乾符中鍾傳據撫州中和二年鍾

傳據撫洪尼全諷據撫州梁開平三年全諷攻洪州淮南楊隆演遣周本將

兵敗之于象牙潭執全諷地入于吳全諷擾撫自中和至開平凡二十八年

川縣省南豐永城入南城十二年復以豐城廢縣歸豫章郡開皇十二年

置邵武縣大業三年復臨川郡領縣四臨川南城崇仁邵武　隋平陳以

撫名州屬洪州督府昔與豫章同為郡今同為州而受督為遂省南豐入

南城省巴山郡置崇仁併西豐定川入臨汝今建昌軍則南城地也今豐

城永豐舊興平皆崇仁地也是時新淦尚存古今州境莫廣於此其後雖

以新淦遷廬陵豐城還豫章尋復以建之邵武來隸失名曰四縣其數視

寧南豐郡之南城臨汝縣地也至隋東興黄安浦不著以唐書證之蓋廢州本

六朝雖若簡賽語其地則增大矣吴晋間所領十二縣臨汝南城存新建西

漢豫章郡之南城臨汝縣地也後復為撫州新舊唐書列傳

唐初為撫州領八後為臨川郡領縣四後復為撫州

地理志會要隋大業十二年林士弘據豫章臨川豪傑秋隋守令以附唐

武德五年討平士弘置撫州析南城崇仁置宜黄是當撫

州領臨川南城邵武宜黄崇仁永城東興將樂三縣以邵武隸建州八年省宜黄領縣三

吉州今永豐省東興永城將樂四縣以興平之地還

臨川南城崇仁景雲二年折南城置南豐先天二年省開元八年復置天

寶元年改臨川郡領縣四臨川南城崇仁南豐乾元元年復為撫州元和

記梁分新建西寧兩縣立巴山縣又分臨汝置定川縣隸臨川郡隋志梁
置巴山郡領大豐新安巴山新建與平豐城西寧七縣又云陳初廢西寧
新安巴山郡猶管五縣非臨川所領臨汝南城宜黃安浦西豐南豐永城
析臨汝為定川凡八縣齊以前又有東興縣梁封鄭紹叔陳封沈恪裴忌
不知何年廢唐復置陳割新淦縣屬巴山郡巴山郡城在今崇仁西南三
十一里梁末周敕撼臨川黃法氍熊曇朗攄巴山迪為臨川內史割
江西四郡為高州以法氍為刺史領巴山雲朗為巴山太守西寧之名
不著於宋齊至梁乃復見於史傳吳晉宋齊四代臨川郡所領縣雖多而
地實無所增至梁分臨川郡地創巴山郡於是割豫章之豐城盧陵之興
平永豐縣地來隸大豐新安皆豐城地也至陳入割豫章之新淦矣蓋自
梁陳以前地無所增梁陳而後分為二郡於是始割豫章盧陵之地以附
益之隋初省巴山郡為撫州併兩郡所分創縣惟存其四後復為郡隸
洪州舊唐書地理志元和郡國志寰宇記隋平陳時總管楊武通奉使安
撫因以撫為名陵臨川郡為撫州屬洪州總管府開皇九年廢巴山郡及
所領大豐新安巴山新建與平豐城西寧縣置崇仁縣考舊志臨川郡之
宜黃安浦二縣地併入崇仁後以新淦歸吉州併西豐定川入臨汝改臨

書所不詳南城在洪州之南則有之矣　吳為揚州立臨川郡領十縣吳

志吳主孫亮太平二年以豫章東部為臨川郡領臨汝南城二縣治臨汝

晉地理志吳揚州郡十四臨川其一宋志云臨川領縣西豐吳曰西

平新建永城宜黃南豐東興安浦皆吳所立寰宇記云吳增置凡八縣又

有西城　唐元和郡國志云吳太平二年分臨汝為新建分南城為南豐

以宋志及寰宇志證之則所分者不持新建南豐而已蓋皆臨汝南城

地其名則有所增其地則無所闕也詳見于後　晉為江州臨川郡領縣

十晉地理志惠帝元康元年有司奏荊揚疆土曠遠統理尤難割揚州七

郡荊州三郡置江州臨川郡隸焉領縣臨汝西豐南城東興南豐永城宜

黃安浦西寧改吳西城為新建凡十　宋志云晉武帝太康元年更西豐曰

西平又更南城曰新南城江左復晉寰宇記云晉陵西城為西寧名則有

陂實無所增也　宋齊為江州領縣九宋志臨川郡屬江州領縣九臨汝

西豐新建永城宜黃南城南豐東興安浦省西寧齊志臨川郡屬江州從

治南城領永城宜黃南豐東興安浦西寧宋齊二

代所領縣革循吳晉之舊志所列獨無西寧豈宋齊廢之耶　梁陳分臨

川郡立巴山郡各領縣八元和郡縣志梁普通三年改新建為巴縣寰宇

今豫章本秦九江郡彭蠡則鄱陽湖也郡當商周世介居荆揚間太伯始

奉猶爲荆及建國遂爲吳王勃滕王閣記云星分翼軫蓋豫章亦屬荆不

但屬揚禹貢江漢爲荆江淮爲揚太伯之興荆分爲吳句踐之興揚州吳
地皆爲越及楚敗越荆揚江淮皆爲楚矣

州九江豫章九江淮南國秦滅楚始皇二十六年分天下爲三十六郡
以揚州置鄣會稽九江三郡輿地廣記云秦屬九江郡漢高祖元年正月

項羽立黥布爲九江王四年改九江曰淮南以布爲淮南王六年分淮南
置豫章屬揚州領縣十八有南城前漢地理志元和郡國志漢分豫章郡

立南城縣十一年封子長爲淮南王王布故地十二年封劉濞爲吳王分
豫章屬吳國諸侯王秦後漢豫章郡屬揚州和帝永元八年置臨汝縣唐

元和郡國志云析南城爲臨汝周秦以前地爲荆揚二州更吳越楚三國
至秦分天下爲郡地屬九江漢初改九江曰淮南後分淮南置豫章始立

南城縣至後漢又分南城立臨汝縣大率太伯以前地尚爲荆太伯有國
以後地爲吳周秦以前但爲州漢有天下始爲郡漢併天下始立縣此其

大畧自秦訖漢分縣有沿革其爲揚州則不改太平御覽云高帝六年命
灌嬰立洪州分洪州立南城以其地在郡城之南故曰南城洪州之名漢

相直巳午東南也上直文昌宮之訛庶幾在此又按晉志北斗魁四星杓

三星一主秦二主楚三主梁四主吳五主燕六主趙七主齊七政星明其

國昌四文曲也臨汝吳分也舊經所云上直文昌此亦一義併記之

疆界

臨川志臨汝在上世爲荊揚外荒服至太伯始有吳遂爲禮遜之國太伯

三以天下遜豈有意於君長遂裔耶仁人所之從者如歸市蓋與太王居

岐後先一轍荊人義而立之者則國家興仁興遜之天理一年成聚二年

成邑三年成都圓其所宜居是邪欲成德善俗闢土聚民當以太伯之心

爲心自體察其仁遜厚薄可也疆域廣狹不與存焉然則天下郡縣其分基

布名字沿革不一封境分合各殊又不可以無述疏而別之使人知所以

乎人心則無古今之間可不念諸　周爲荊揚州楚吳越國史記吳世家

異釆而通之使人知所以同雖然封疆關乎地勢則有古今之殊仁遜存

太伯奔荊蠻號句吳荊蠻義之立爲吳太伯武王克殷求太伯仲雍之後

得周章巳君吳因封之越世家越王句踐滅吳時越兵橫行江淮考六國

表時爲周元王四年及楚威王興兵伐越大敗之盡取吳地　商世地爲

荊太伯來奔始分爲吳被禹貢淮彭蠡三江爲揚荊衡江漢九江爲荊

十三度權在翼十七度太衝在軫十度半開陽在角四度少杓在角十二

度少文昌天之六司　旁攷尚書令唐虞官也是謂文昌天府晉百官表

注尚書萬機寶為政本是以八座比於文昌劉洎跪文昌制暐之位羅

將相而挑三台張衡天象賦詳觀諸史志文昌所主者不但斯文而已將

相貴臣之象其星凡六號六府又六卿之象北斗在太微垣之上文昌又

在斗魁之前斗魁從而戴之此又高明光大之象史以戴筆言者其星如

筆宮與斗魁皆以象取斗與筆其器不能相離自然之象星居天庭與十

二辰次殊所占在上將上相及六司貴臣故諸史未嘗言其所臨照之分

野舊經云是邪上直其宮者莫識其為何義世之星圖或跡或客難於盡

據唐志所述文昌諸星在井鬼柳星之度乃西南也與吾州若無與焉然

嘗觀諸史志惟西漢史近古於天文度數惟言其大率不若後世之迫切

求詳而流於支離也漢天大志所述孝成建始元年九月有流星出文昌

詘折委曲貫紫宮在斗西北子亥間如環志凡言流星之行必曰起某所

至某所或入某所犯某所經某所掃某所皆動也惟此占但言出貫又言

環又言在子亥間文昌與斗魁在太微北皆迫近紫宮垣流星環之者不

動故也星出文昌在子亥間而不動則文昌亦在子亥間矣子亥與巳午

之下流其然半且天氣以子月降者方地氣上升而天氣下交也況十二

辰次同一氣化此說但可施之星紀壹曰粹論耶　文昌星　淳熙志臨

川有文昌堰舊經云上直文昌星史記天官書斗魁戴六星曰

文昌宮索隱曰文耀鈎云文者精所聚昌者楊天紀輔弼並居以成天象

故曰文昌宮一日上將二日次將三日貴相四日司命五日司中六日司

祿前漢天文志斗魁戴筐六星曰文昌宮晉灼曰似筐故曰戴筐一日

上將二日次將三日貴相四日司祿六日司災　晉隋天文志

文昌六星在北斗魁前天之六府也主集計天道一日上將大將軍建威

武二日次將尚書正左右三日貴相太常理文緒四日司中司隸掌

功進五日司命司怒大理佐理寶所謂一者起北

斗魁前近內階者也明潤大小齊天瑞臻　唐天文志唐開元九年一行

受詔改治新曆欲知黃道進退而太史無黃道游儀率府兵曹參軍梁令瓚

以木爲游儀一行是之乃奏黃道游儀云云其所測與古異者舊經文昌

二星在輿鬼四星在東井北斗樞在星一度璇在張二度機在翼二度權

在翼八度衡在軫八度開陽在角七度杓在亢四度今測文昌四星在栁

一星在輿鬼一星在東井北斗樞在張十三度璇在張十二度璣在翼

也諸家言豫章入斗十度此為切近

唐書南斗牽牛星紀之次也丑初

起斗九度中斗二十四度終女四度其分野自盧江九江淮水之南盡

臨淮廣陵至東海又逾南河得漢州陽會稽豫章郡西濱彭蠡南涉越州

盡蒼梧南海古吳越及東南百越之國皆星紀分也南斗在雲漢殿淮海

之間為吳分牽牛在南河浸遠故其分野自豫章東達會稽循嶺徼萬

越分皆係乎揚國十二辰次縱橫交錯以主十二州之野十二國之分

義之所自起宣得而盡推哉上哲與天為一黙通其秘後人因之莫窮其

肯近世有因書南河之云而為之說以地之江河象天之雲漢謂地氣

升天氣降必在子午月雲漢漸降星紀丑位得其下流吳越居江之下流

猶丑之當天漢下流此說愚惑感為地支之位著乎地者為丑丑之精氣

行乎天者為星紀之次為斗牛之舍占天者以其氣之行乎天推其所

主之分野非以其位之著乎地者尚推之也辟之人為其室廬雖各有所

止而其人則周流乎四方凡天文圖說以分野附之於地支者明此位之

精氣為某次某舍其應在某分野也蓋以天之氣化而主地之分野非以

地之支倍而主地之分野也今以雲漢降于子而丑居其下流當應于江

耶十二地支位于地其精氣行乎天地亥東北丑之精氣爲斗牛女周行

於天名曰星紀之次其所應之分野則在東南吳揚未嘗相直也蓋直之

爲言亦主也非但謂其相直南斗之所主者吳也然豫章介於荆揚故王

勃滕王閣記亦指爲翼軫乃星紀鶉尾之交荆揚之分野詳見摭域門

後漢律曆志蔡邕月令章句云自斗六度至湏女二度謂之星紀之次越

之分野郡國志帝王世紀云自斗十一度至婺女七度曰星紀之次其

辰在丑斗建在子吳越分野晋天文志魏太史令陳卓言郡國所入宿

度自南斗十二度至湏女七度爲星紀於辰在丑吳越之分野屬揚州費

直云起斗十度諸郡躔次陳卓范蠡鬼谷張良諸葛亮譙周京房張衡並

云豫章入斗十度 隋地理志揚州爲禹貢淮海之地在天官自斗十二

度至湏女七度爲星紀於辰在丑吳越得其分野 天圓地方圓者氣動

而行方者形靜而止形則可以方所而推氣則難以界限而別是以二十

八舍分十二次或盈或縮其說不齊以星紀言之范史自爲異同有斗六

度至女二度之說有斗十一度之說唐書隋書復有斗十度之說至

女七度之說唐書復有起斗十九度中二十四度終女四度之說管書隋書

圓者難明故也然斗牛女星紀之分野乃揚州吳越之所共臨汝豫章地

臨川志質之史册區別其分野則吳揚爲斗牛女爲星紀考之舊經吾州

又文昌之所臨照夫上通於辰次各著其分野者天下之所同上通於天

垣正應於文昌者吾州之所獨星土之占其證則有休咎所不可得而常

乃若斯文在天地間則歷終古而光景若一不寧惟是凡文化成天象叶

應庶證有不舍者半然則文星昭明則不占有孚分野當蒙其福矣　天

文志斗江湖牽牛婺女揚州吳楚之疆候熒惑内楚戍吳　地理志吳地

斗分野本之會稽九江丹陽豫章廬江廣陵云安臨淮盡吳分　斗牛女

星紀丑東北也天文志以戍爲吳西北也西漢以前其說亦未定信如西

漢地里志所述則今之江淮浙皆吳分豫章特其一耳況豫章所隸諸郡

臨汝又特其一乎此不可執一而強爲之說且吳楚候熒惑則可以南方

言世人謂南斗爲東南吳揚之分故曰南非也何以不曰東耶南北二千

皆曰斗者其星各有四成斗之象北斗位于北居太微垣之北近天中杓

轉而魁不攺其處故曰北斗南斗爲北方七宿東行左旋與二十八宿周

流於天何以曰南蓋二星俱名爲斗北斗不離于太微之北既以北名南

斗爲北方七宿之首自北而南故以南名春秋元命包牽牛流爲揚州首

言其宿之行應於揚州之野山谷江西道院賦曰勾吳之區維斗所直何

創越十四年漸就摧朽乾寧五年全諷再拓基址建廳堂門廡厨庫畢備
舊志城池紀述唐中和五年刺史危全諷新制羅城週廻一十五里三十
六步高一丈二尺下闊二丈五尺子城週廻一里二百二十二步元一統
志梁復臨汝分新建西寧置巴山郡又置巴山大豐新安三縣及取廬陵
之興平豫章之豐城以益之凡領縣七開皇九年廢大豐新安二縣入豐
城割豐城還洪州廢南豐永城入南城大業三年復改撫州為臨川郡領
臨川南城崇仁邵武四縣十四年陷入林士弘賊唐武德五年平士弘而
以興平之地還吉州今永豐縣是也景雲二年復置南豐開元二十一年
分十五道採訪使以撫州隸江南西道天寶元年復改為臨川郡乾元元
年復為撫州置治於臨川舊城西津之西赤岡宋乾德六年偽唐李煜復
置宜黃縣淳化二年以南豐屬建昌軍五年以金谿場置金谿縣依舊領
縣四十九年割崇仁縣天授忠義樂安三鄉并吉州永豐縣雲蓋鄉增置
樂安縣領縣五元朝至元十二年收附之初仍為撫州十四年陞為撫州
路總管府領一司五縣隸江西等慶行省錄事司舊為本州在城地宋
該三廂領之元朝至元十四年創設錄事司領在城民事

分野

宇記在武德五年尋省東興永城將樂三縣又割邵武屬建州寰宇記在

武德七年又省宜黃縣武德八年隸江南西路間元二十二年改臨川郡

天寶元年復爲撫州乾元元年五代僞吳升爲昭武軍節度順義元年南

唐李氏因之又割南城縣置建武軍盱江志載在開寶二年九咸志云開

寶三年以宜黃場爲縣宋朝平江南降爲軍州事宋朝會要云僞吳爲昭

武軍節度閒寶八年降爲軍州事中興以來隸江南西路紀年錄云紹興

四年七月詔撫州建昌軍依舊隸江南西路今領縣五治臨川寰宇記元

領縣四今五臨川崇仁南豐宜黃金谿 臨川志 昔者公劉度夕陽而荒麤

都也逝彼百泉瞻彼溥原酒陟南岡乃觀于京蓋度夕陽之西去源泉之

甲而就溥原之高岡出乎原之上兩京又出乎岡之上所以居高明也夷

弥吾州若昔興創殆亦類是異時成周卜宅而依澗瀍晉人議遷而鄶汾

澮今吾州介乎臨汝之中人其遺意皆所以捨二水之會納風氣之全奠

民生之安也淳熙嘉定志寶應中太守王圖以地勢甲非道路之會因徙

于西陸然虛右擁左形亦未叶中和五年危全諷始遷今治麾震撝巽朝

辛附癸納溪山複疊之勢無舊治甲偏之陋也舊志州治紀唐剌史舊

宅乾符中爲巨寇黃巢將柳彥璋所焚中和五年危全諷徙今治披榛草

為百越之地大抵秦吉廬撫四州之地諸書皆以為屬吳惟與地廣記則
端以為百越之地地亦無所考據郡於廬州下引吳起相楚悼王南平百
越於是屬楚然考之地里廬吉二州包地綿遠與廣為隣介嶺表以立郡
指以為越尚或可擴至若秦撫二州皆内地也不應例指以為百越之地
故秦州新編圖經於百越及越星分背削而不取云越滅吳左傳哀
公二十三年其地屬越越既滅吳地當屬楚戰國時楚敗越其地屬楚典
地廣記以為戰國屬楚他書皆無所指定然通鑑周顯王三十五年楚歟
越盡取吳故地則其地亦當屬楚秦併天下屬九江郡在漢為豫章郡之
南城縣地漢高帝六年分九江置豫章郡今按漢志豫章郡所統十八縣
南城領為後漢和帝分南城北境為臨汝縣寰宇記續漢書郡國志云臨
汝屬豫章寰宇記三國時吳主孫亮分豫章之東部南城今屬建昌軍臨
汝今屬撫州二縣置臨川郡沈約宋志載在太平二年自晉以來諸縣廢
置不一東晉又於境内立巴山郡陳封文帝為臨川王隋平陳罷郡為州
時總管楊武通奉使安撫即以撫州為名因廢巴山郡為崇仁縣屬撫州
又改臨汝為臨川縣並在開皇九年煬帝改撫州為臨川郡大業三年唐
平林士洪復置撫州領臨川南城邵武宜黃崇仁永城東興將樂八縣寰

國朝為撫州府屬江西布政司　撫州府志按舊志周秦以前撫之地為荊揚
二州分野更吳越楚三國至秦分天下為郡地屬九江漢初政九江曰淮
南後分淮西至豫章東部為臨川郡領汝南城二縣臨汝本二水名臨
水由西南而來自崇仁縣巴山發源巴山謂之臨川山合宜黃水至西津
故曰臨川汝水自旴江旴母山發源自南城由石門而下至郡之東南抱
城而西北流合臨川之水或謂汝字從水從女以旴為母汝故曰汝
水舊置郡嘗合二水之名故曰臨汝吳及晉宋為臨川郡亦治臨汝齊徙
治南城至隋平陳時總管楊武通奉使安撫臨川因改臨川為撫州治在
西津之赤岡章應中太守王圓遷于西陵即西津也五代時危全諷遷
于香楠山即今治也自唐至宋末相沿為撫州歸附于前元改為撫州路
總管府戊戌五月監郡完者帖木兒以城降于陳氏辛丑十一月
聖朝總兵官鄧愈統率大軍至守臣張子高降改臨川府後又立為撫州府
興地紀勝臨川郡軍事九域志禹貢揚州之境元和郡縣志於天文為星
紀之分野臨川志引漢地理志云豫章吳地斗分野次為星紀辰在丑晉
天文志云豫章入斗十度臨川屬豫章則為斗分野明矣春秋時為吳境
寰宇記晏公類要及宋朝郡縣志並以為屬吳而興地廣記則以為春秋

建置沿革

大明清類天文分野書禹貢揚州之域星紀斗分周春秋時吳地戰國時屬楚

秦蜀九江郡○漢高帝○六年分九江置豫章郡所統縣十八○南城居其一

東漢和帝○永元八年分南城之北境爲臨汝縣屬豫章郡○三國吳太平二

年以豫章東部置臨川郡領臨汝南城二縣○又增置宜黃永城等八縣○

揚州晉惠帝元康元年割豫章臨川等郡隸江州改西平爲西豐西城爲

西寧○宋省西寧因之以臨川郡徙治南城○又復治臨汝縣領臨汝南城

宜黃安浦西豐南豐永城又析臨汝改爲定川縣○齊復治川入南豐永城八南城大

撫州隸洪州都督府開皇九年廢巴山郡併新建西寧等六縣置崇仁縣○

撫州又併西城定川入臨汝改爲臨川縣○梁領臨汝南豐永城臨川郡爲

七年復改撫州爲臨川郡唐武德五年復置撫州領臨川南城邵武等八縣○

年省東興爲永城將樂三縣又割邵武爲建州八年省宜黃貞觀元年以

撫州隸江南道開元二十一年以撫州隸江南道天寶元年復改爲臨

川郡乾元元年復爲撫州領臨川等四縣○五代梁龍德元年吳楊溥陞爲

昭武軍節度宋開寶四年降爲軍州軍隸江南道領縣四建炎四年隸

江南東路紹興四年復隸江南西路元至元十四年陞爲撫州路○

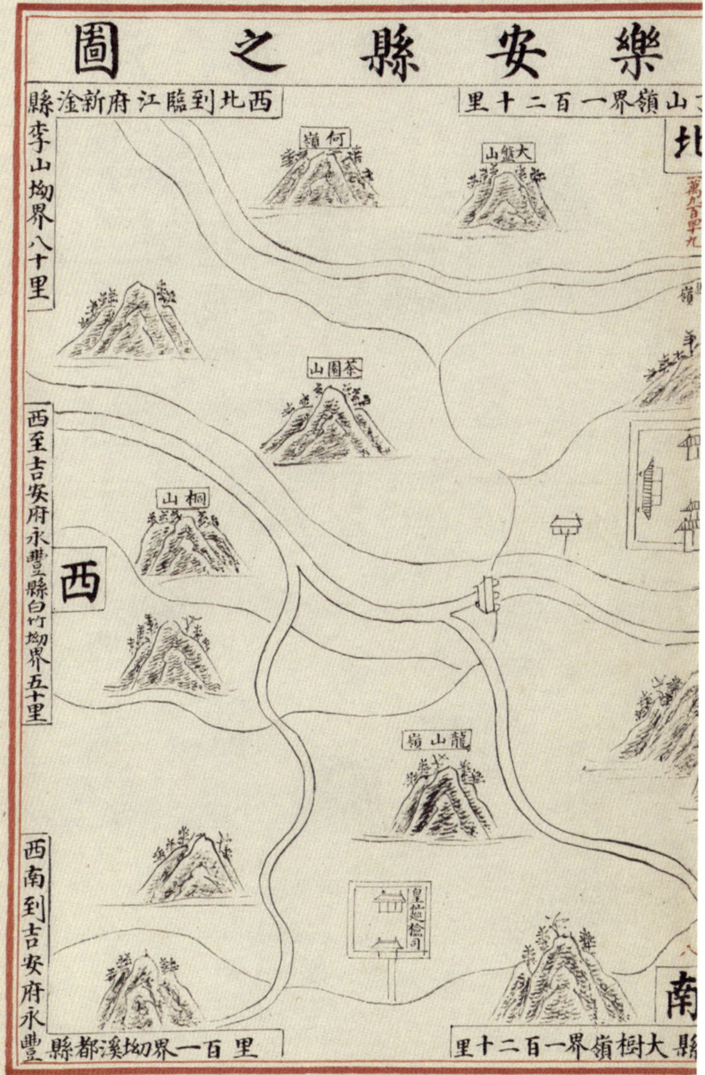
樂安縣之圖
西北到臨江府新淦縣李山坳界八十里
山嶺界一百二十里
北
何嶺
大盤山
茶園山
桐山
西
西至吉安府永豐縣白竹坳界五十里
龍山嶺
西南到吉安府永豐縣都溪坳界一百里
南
縣大樹嶺界一百二十里

宜黄縣之圖

西北到本府崇仁縣界十五里

榧木段界一十五里

孤嶺界三十里

西至本府樂安縣霍嶺界六十里

西

赤山

黄山

梅山

崇賢山

鳳山

宜魚嶺

楊梅峯

靈泉山

玉華山

西南到本府樂安縣吉州嶺界一百里

黄縣土嶺界一百里

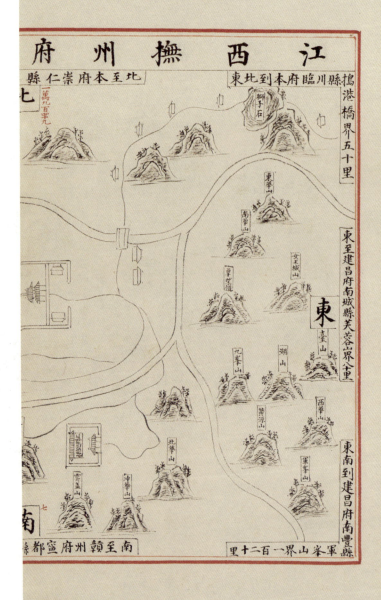

金谿縣之圖

西北到臨川縣六十里界門斗界

州嶺界九十里

西至本府崇仁縣上下城界一百六十里

西

西南到建昌府新城縣東金界嶺七十里

州嶺望川臨到北西

望州

靈谷山

陁山

印山

旌驛谷

金谿縣

仙山

仙司道村中

猶見石

東嶺

明山

起

城

金界嶺東縣金界七十里

陁頭嶺縣界三十里

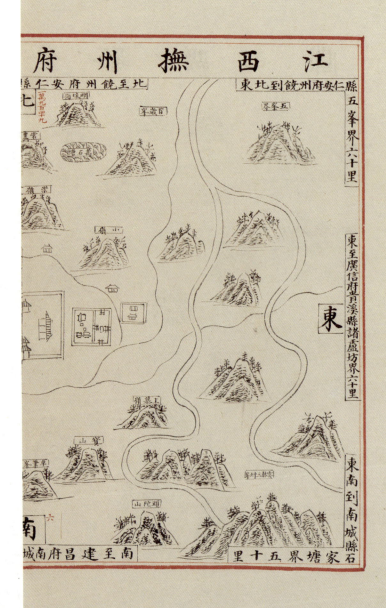

府臨川縣之圖

西北到南昌府豐城縣楊塘界六十里

府進賢縣界牌界六十里

西至臨江府清江縣清風橋界一百里

西南到本府宜黃縣橋港橋界七十里

縣城南界山界八十里

北

西

南

佛嶺山

七寶山

饒嶺

梔山

李石山

禪和山

臨仙山

焙山

重峯山

塔山

牧歌山

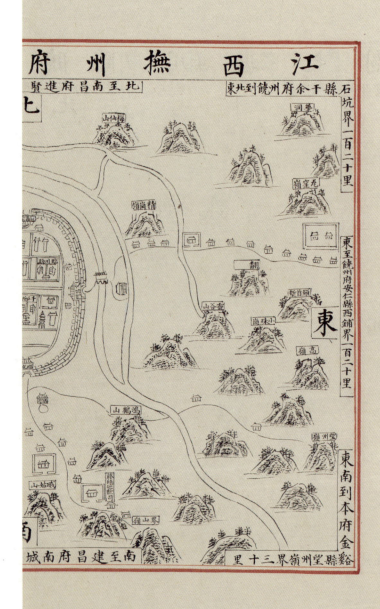

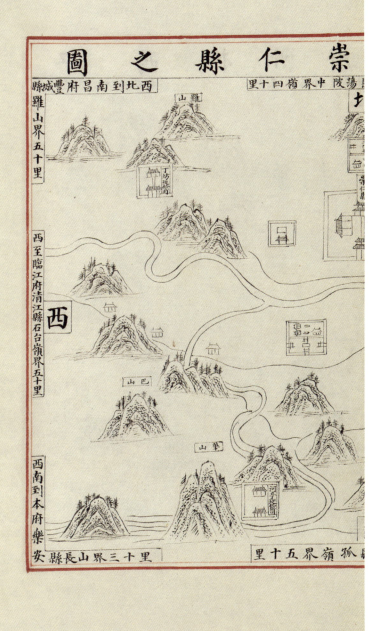

江西撫州府

縣城豐府昌南至北

縣城東北到南昌豐府

萬曹之九

盧山

縣桐皂界四十里

東至本府臨川縣西舘界六十里

東

東南到本府臨川

縣城豐府本至南

縣黃宜府本至南

里十八界城下上縣川

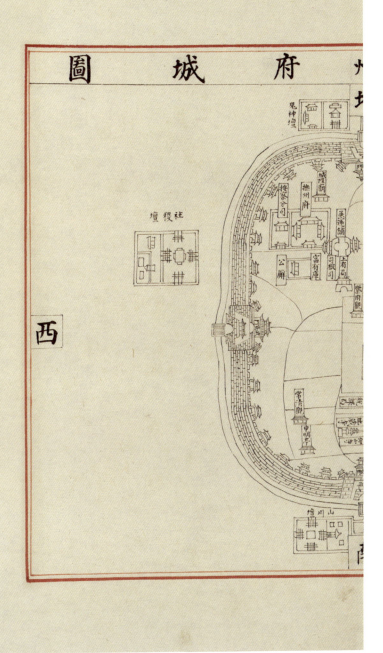

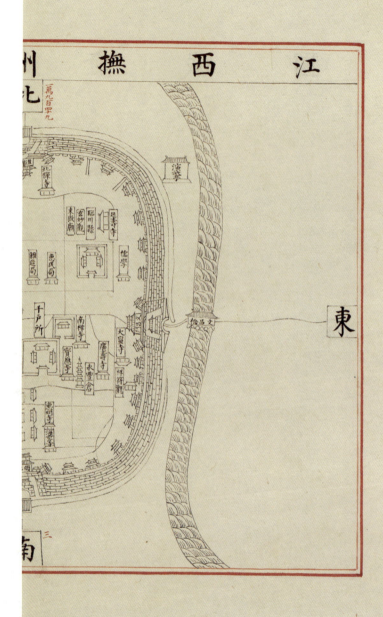

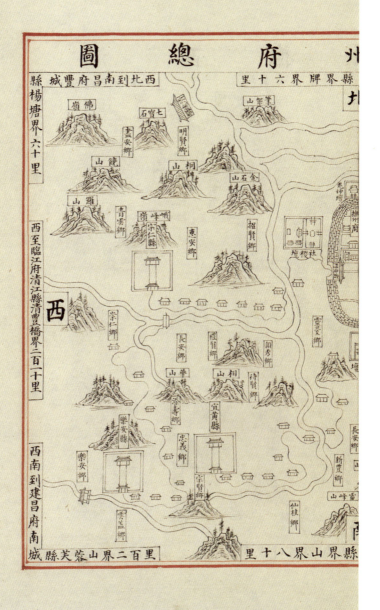

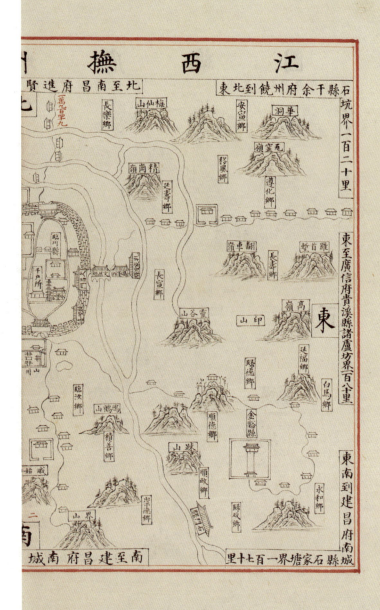

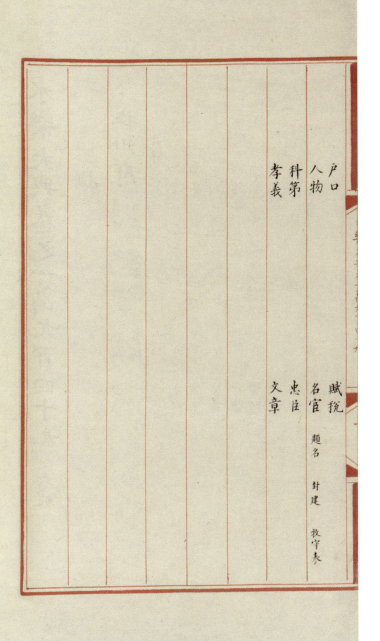

戶口　賦稅

人物　名宦　題名　封建　牧守表

科第　忠臣

孝義　文章

永樂大典卷之一萬九百四十九　六姥

撫

撫州府　舊路　親領縣五　臨川　崇仁
　　宜黃　樂安　金谿

目録

沿革

疆界　　　分野

至到　　　城池

府治　　　坊巷

廟祠　　　統屬

官制　　　壇壝

風俗　　　兵防

學校　　　古跡

寺觀　　　書院　　土產

永樂大典

卷一萬九百四十九

之一萬九百五十

永樂大典